「塾なし」

高校受験のススメ

塚松美穂

プレジデント社

まえがき

親にとって子育ては、長い旅のようなもの。私たち親は、時に楽しく時に険しい、そして、子どもが自立するというゴールまで、一緒に旅を続けます。子どもの成長とともに景色が変わり、旅の目的も変わる。巣立っていくその日まで長い旅を続けていくには、もちろんお金もかかります。

2020年春、長男は、東京都立国立《くにたち》高校に合格しました。都立国立高校は、国高《くにこう》と呼ばれる東京の都立御三家の一校です。参考までに、国立高校の2020年度の現役東大合格は15人、京大6人、一橋大18人、東工大11人で、国立難関九大学（東大・京大・一橋・東工大・北大・東北大・名大・阪大・九州大）の現役合格者は66人と、都内でトップレベルの都立高校です。
（※国立高校ウェブサイト参照）

長男が小学生から中学生へと成長していく間に、感じていた違和感がありました。たくさんの習い事に、塾を掛け持ちしている小学生。中学生になれば、塾にいくのが当たり前の世の中で、周りを見れば塾通いのクラスメートばかり。そして、最も強く感じていたのは、「塾にいかないと子どもたちは希望する進路に進めないのだろうか」という疑問でした。

実際、「パート代は全て子どもの習い事に」、「塾代が高くて……」など、ため息交じりの声が周囲からは聞こえてきます。子育てや子どもの教育にはお金がかかり、削ることはためらわれがち。子どもの教育費が、家計の聖域といわれるゆえんです。

息子は、自宅から徒歩15分の地元の公立中学校に通っていました。学校の野球部に所属して、3年の夏まで、部活も頑張っていました。

「うちは、塾に通っていません」

周囲にこの話をすると、決まってとても驚かれました。学校の先生も驚き、感心していました。それほど今や、高校受験をする中学生は塾にいくのが当たり前なのです。息子のように、自宅学習で受験に挑む子はとても珍しいでしょう。

息子は決して、勉強しなくても成績がよかったわけではありません。

中学2年の三者面談で、担任の先生からは「国立高校は難しいだろう」と言われました。私たち夫婦も本人も、その頃は無理だと思っていました。でも息子は、第一志望だった国立高校と、併願受験をした私立高校全てに合格することができました。その間、塾には一度もいっていません。

息子の経験を通してわかったことがあります。

成績を上げるために大切なことは、自宅で勉強習慣をつけ、自分で目的や効率を考えて勉強すること。そして、「塾にいかずとも自宅学習で成績は上げられる！」ということです。

具体的にどんな受験勉強をしていたのか、少し気になりませんか？　知りたいと思っていただけたなら、もう「塾なし受験」への一歩を踏み出したのかもしれません。

なぜ塾にいくのか？

そもそも、なぜ塾にいくのでしょう。もしくは、いかせるのでしょうか？

塾に通い始めるきっかけや理由にはいくつかあります。

まずは、中学受験を経験した子どもたち。中学受験に関しては、まだ10歳ちょっとの小学生が自分で進路を選択するというよりはむしろ、親の教育や子育ての意向が大きいと思います。中学受験をする場合、塾なしでは難しいでしょう。公立の小学校が中学受験に対応することはありません。なぜなら受験をしなくても、中学校に上がれるシステムだからです。

小学生が試験選抜で入学する私立中学や中高一貫校などへの進学を希望する場合、選抜テストに対応できる学力をつけ、対策やノウハウなどを教わるために塾通いが始まります。この場合、学校での勉強をきちんとすればよいという話ではないため、必然的に塾や家庭教師が必要になります。一度、中学受験を経験した子どもが、もし受験に失敗して公立中学校に通うことになった場合、そのまま塾通いを続けているご家庭は多いのではないでしょうか。

文部科学省の学校基本調査によると、東京都の中学生の25％、4人に一人は、私立中学校に通っています。中学受験を経て入学しているでしょうから、小学生で塾デビューをした子が、ほとんどでしょう。

小学生が塾に通い始める理由のひとつは、私立もしくは中高一貫校へのいわゆる「お受験」組です。都内でも地域差は多少あると考えられますが、一般的な公立小では、塾は中学受験を考えた家庭の子どもがいくものという位置づけです。一方で、公文や補習塾といった学校の授業の復習・理解のために通う子どもたちがいます。近年、中学受験に挑戦する子どもが増加し、塾に通い始める時期の低年齢化が進んでいるといわれます。

では、東京で地元の公立中学校に進学する残り4分の3の子どもたちは、いつから塾に通い始めるのでしょうか。公立学校に通う子どもが通塾を始めるきっかけを考えてみましょう。

ひとつは、「中学に入ると勉強が難しくなるのではないか」と不安になるという理由です。学校で6月前後に行われる最初の定期テスト。ここで思ったように点数が取れないと、「やはり、塾にいかないと自分で勉強するのは難しいのでは」と、不安に感じてしまいます。

小学校での単元テストと違い、定期テストはテスト期間が設けられ、勉強の方法も大きく変わります。これを最初からうまく乗り切れる子どもは、天才肌か、とても要領のいい子でしょう。テストのやり方が大きく変わった中学で、すぐに力を発揮するのはとても難しいことです。職場が変わる、環境が変わったとき、大人も同じですが、適応するには多少なりとも時間が必要です。

そうだとすると、中学生になって定期テストもそのやり方に慣れてコツをつかめば、多くの子どもたちは、たとえ自宅学習であっても乗り切れるのではないでしょうか。その場合はもちろん、対策や進め方をアドバイスしてあげる必要もあるでしょう。この定期テストのタイミングで、例えば思うように点数が取れなかったときなど、塾が必要かどうかという話になってきます。

今は、「塾にいっておけばなんとかなる」的な考え方が根底にあり、自分たちでやってみようと考えるご家庭は少数派です。しかし、「塾」が、子どもの教育において当たり前の選択肢になっていることに、疑問を抱かざるを得ません。やり方を知れば必要な勉強を自分できちんとできる子は、実は相当数いるのではないかと思うのです。

塾にいくもうひとつの大きなきっかけは、進路や高校を真剣に考え始め、親も子も「初めての受験」という壁を前にしたときです。周りの多くがその選択をするように、「うちも塾にいかなければ」と考えてしまうのでしょう。

これは私見ですが、「皆がいく」という同調意識から、「塾にいかないと成績が下がる、合格できない」という不安に駆られてしまうことが大きいのではないでしょうか。

人と違っている ⬇ 不安×
人と違っている ⬇ 強み、自信〇

「人と同じである」というだけで安心しがちですが、人と違っていることは、本来は自分に自信を持てる、強みになるはずの個性です。

違った人間が集まった社会の中で、私たちは幸せに生きていくために教育を受けています。幸福の価値観や幸せの尺度は十人いれば十通りです。それぞれどうすれば幸せな人生を送れるのか、そのために何をすべきなのかが違っている以上、他人と比べる必要は全くありません。周囲と同じで安心している状態こそ、見かけだけの平穏で、実は幸せに向かって遠回りをしているような気がします。

塾にいっているだけで安心。

この状況も受験生にとって、実は見せかけの安心である場合があるかもしれません。受験についても知っておかねばならない情報がある以上、必要な情報を提供し、丁寧に進路指導をしてくれる塾の存在は心強いでしょう。しかし、一昔前とは違い、今のネット社会では、受験情報が入手しやすくなりました。「知ろう、探そう」とすれば情報は手に入ります。「必要な情報は何なのか」を的確に知る・理解する力があれば、自分たちでできることも多いはずなのです。

高校受験は教科書の範囲

高校入試は、中学の教科書の全範囲から出題されます。最難関と呼ばれる私立高校の場合、入試に学校の先生が教えない内容が入ることもありますが、一般的な高校受験は、教科書の範囲内です。ということは、教科書で教わる範囲を勉強すればよいわけです。まず子どもたちはみな、学校の授業でその学習をしています。次に、塾でやるのか、自分でやるのかです。

本来、勉強するという知的行為は、自ら進んで行うものです。学校で受けた授業を自分に取り込む作業は、学習の大チャンス。これを塾に丸投げしてしまうのはもったいない！　と思います。授業がだいたいわかる子どもはなおさら。塾から与えられた学習課題をこなして勉強するよりも、何を使ってどう勉強するのか、自分で考えて勉強するほうが断然、身につくことが多いでしょう。

受験も同じことがいえます。塾任せで用意されたレール上を走り合格するのと、自ら計画を立て、必要な学習を探しながら勉強し合格するのでは、その中身が違います。「成長」という意味合いにおいて、天と地ほどの差があるのです。ただし、最難関の私立高校の場合は、学校で教わらないことが出題されますから、ここに塾が必要な理由があります。

塾なし受験に必要なモノは、

①親のサポート、②親子のコミュニケーション、③家族の協力、④学校との連携、です。

主役は子どもで、親はサポーターです。親子でコミュニケーションを密にとりながら、計画を立て、作戦を考え実行します。途中で話し合い、計画や作戦を見直し、また実行していきます。これを繰り返しながら、「志望校合格」というゴールを目指します。息子が達成できたように、中学校の学習をもとにした一般的な高校受験なら、自力で合格することが不可能というわけではないのです。

塾なし受験は、塾に任せている部分を親子で行います。塾に任せればお金はかかるが、手間はかからず楽かもしれません。それでも塾なし受験のメリットは、経済的なことだけではありません。子どもの成長、家族の強まり、子育ての経験など、塾任せの受験では得られないたくさんのメリットがついてきます。

我が子にとって、本当に塾が必要なのか、そのこと自体を考えてみたことがありますか？ 当たり前のように、なんとなく塾にいかせていませんか？

我が子に塾が本当に必要かどうか、親子で考えてみることが第一歩です。「塾にいきたい」と自ら希望する子どもばかりではないでしょう。「いきたい」と、「いかせたい」もしくは「いきなさい」は、根本的に違います。保護者の言うことを聞いて、塾に通っている子も多いでしょう。

私たち自身、塾なし受験の途中、不安を感じた日もありましたが、それは塾ありでも塾なしでも同じこと。最後まで塾にいかず自宅学習するという志を貫き、息子は第一志望校合格という結果を出しました。そして、「私たちの1年足らずを実践すれば、同じく塾に通わず受験を乗り越えられる子が日本には少なからずいる」と考え、この経験を伝えるために筆を執りました。

コロナ不況で、家計を切り詰めなければならないご家庭が増えたかもしれません。教育費は家計の「聖域」といわれますが、その聖域の中で、大きな負担を占める**塾代は、もしかすると、本当は我が子にかけるべきお金ではない**かもしれないのです。塾なし受験をすれば、塾代を稼ぐために働くという必要はなくなります。

「いい大学に入って就職する＝理想の幸せ」という親世代の価値観はすでに揺らいでいます。子どもたちの未来の幸せはどうなっていくのでしょう。今後は、成功や幸せのかたち、生き方など、今まで理想とされてきたことが、大きく変わっていく可能性が高いと思います。

しかし、唯一いえることは、塾で敷かれたレールでなく、家族のサポートで塾なし受験をすることによって、子どもは自分で考える頭と努力するたくましさを身につけていきます。高校受験だけでなく、その先の人生の荒波でさえ、乗り越えていく力が身につくでしょう。子どもは家族に感謝をしながら、自ら幸せだと思う人生を送るために、懸命に努力し始めます。こうなれば、「子育て」という長旅の着地点が、その先に見え始めます。そして、社会の基盤である家族という単位がより強固になって、幸せがかたちづくられるのです。

塾任せにしないで、親子で「塾なし受験」をしてみませんか？

これを乗り越えたときの成果は、親にとっても子どもにとっても本当に大きいのです！

生きるための力

小学校の卒業を境に、中学生の勉強は「塾任せ」が主流になっています。しかし、我が子の教育に、ある日突然、線引きをする必要はありません。大切なことは、「塾任せにしない」こと。家庭での学習を続けることで、子どもの力はメキメキと伸びていくでしょう。

私たち夫婦は、もし通塾して塾主体で受験が進むならば、それは息子の成長や将来を他人に任せてしまうことのように感じました。塾にとって、あなたのお子さんは生徒の一人にすぎませんが、あなたにとってはたった一人の存在。唯一の存在の未来につながる受験について、どちらが心底考えられる状況か、一目瞭然なのです。

そのためには、自分たちで受験に向かう「方法」を知る必要があります。そして、この本には、「塾なし」高校受験のノウハウが詰まっています。

塾なし受験をするメリットは、合格を勝ち取るだけでなく、「本当に大切な生きる力」が付録のようにたくさんついてくることです。受験の結果以上に、塾なし受験を通して子どもが大きく成長できる、このことが何よりも大きな収穫になるのです。

私たち親世代が受けた教育は、時代に合わせて見直され、教育の現場は日々、進歩しています。そのため、この本は親がきちんと家庭教師をしましょう、というオチではありません。塾にいかずにどのように情報収集をして、どうやって自宅学習を続けて合格できたのか、その事実（＝ノウハウ）を中心に書きました。

教育は、社会を変えることができます。私たち家族の「塾なし受験」、この経験を多くのみなさんと共有できれば、主体的に自ら考え、努力できる子どもが日本にもっと増えていくのではないか。そして、その子どもたちが数年後、日本を力強く引っ張っていってくれるのではないかと期待さえしています。

我が家は、本書の主人公である長男と小学6年の長女、私たち夫婦の4人暮らし。私はライター仕事の傍ら、公立の小学校で学習支援のコーディネーターとしてお手伝いもしています。この本を手にしてくださったみなさんと同じ、家庭と仕事と子育てで日々慌ただしく、あっという間に一日が終わります。疲れる日も大変なこともありますが、夫婦・家族で話し合いながら、協力して日々を過ごしています。

今の社会が抱える教育の問題は、子育て中の私にとっては自分ごと。きっと、本書を手にしたみなさんにとっても同じでしょう。さまざまな教育問題が取り上げられる中、私たちが「塾なし受験」を通して得たことをもっと知ってもらいたい、と強く思うようになりました。

受験生のいるご家庭はもちろん、子育て中の多くのお父さん・お母さんに、「塾なし」受験生の親として過ごした一年間をお伝えすることによって、塾や受験、子どもの教育について考えていただくきっかけになれば幸いです。

「塾は当然いくもの」という考えを疑い、受験生のいるご家庭のひと組でも多くが、親子で「塾なし受験」にチャレンジしていただければうれしく思います。

塚松美穂

「塾なし」高校受験のススメ ◉ 目次

第2章 「塾なし受験」のための親の心構え……61

基礎知識編

第3章 高校受験の基礎知識 …… 124

実践編

第4章 「塾なし受験」の進め方……182

序章

家計の聖域・塾代のリアルと塾の存在理由

文科省の調査によると、子どもが幼稚園と大学は私立に、小学校から高校まで公立に進んだ場合、子ども1人当たりにかかる教育費は1000万円以上。給食や教材などの学校での必要経費、塾・習い事など学外でかかる月謝などを加えると、教育費の平均は、計1500万円にも達するそうです。

日本で子どもを生み、小中高は公立学校であっても、その後大学まで進学させると、1500万円の教育費が親の負担になるという現実があります。

本書のキーワード「塾」について、月謝の相場を見てみましょう。

通塾している中学生の月謝の相場は、
●集団進学塾：2万～4万円
●個別指導塾：2万5000～7万円
となります。

短期講習の一例を挙げると、中学3年生の夏期講習の相場は10万～20万円です。塾代には月謝の他、入会金、教材費、春・夏・冬の季節講習費などが必要なので、トータルすると年間で、
●集団塾の場合
中学3年生：70万～90万円／中学1・2年生：40万～60万円（年間）
●個別指導塾の場合
中学3年生：80万～120万円／中学1・2年生：60万～80万円（年間）
●授業の補習塾の場合

塾の年間費用

	中1・中2	中3
集団塾	40万～60万円	70万～90万円
個別指導塾	60万～80万円	80万～120万円
補習塾	30万～40万円	40万～60万円

中学3年生：40万〜60万円／中学1・2年生：30万〜40万円（年間）

ほどの金額となります。

前ページの表を参考にすると、最もお金のかかるケースは3年間で280万円、中3の1年間だけで100万円前後の塾代がかかります。これが「塾なし」だと3年間で50万円弱、中3の1年間では、約20万円でした。（※模試なども含めた我が家の教育費です）

このように、教育費の中で、塾代は大きなウエートを占めています。また、中学受験の人気を受け、塾に通い始める小学生が低年齢化し、子どもが塾にいくことは「普通のこと」になってきました。親が何年にもわたって塾代を払い続ける構図が出来上がっていると

通塾のメリット、デメリット

メリット	デメリット
プロに任せる安心感	コストがかかる
塾のサポートがある	親は学習状況を把握しづらい
受験・入試情報に詳しい	進路にギャップが起こり得る
友人がいる	コロナ禍のリスク・過剰な競争
受験・入試の経験値がある	塾の良しあしで決まる

いうわけです。今の日本のスタンダードでは、子どもの教育には、本当にお金がかかるのです。
これだけのお金を払って多くの子どもが通っている塾ですが、通うメリットとデメリットについて見てみましょう。

この表を見て、実際に、塾にメリットを多く感じているご家庭は、塾なし受験がピンとこないかもしれません。一方、塾に通うデメリットが気になっているご家庭であれば、塾にいかないという選択肢をぜひ知ってもらいたいと思います。

通塾のメリットは、プロの指導の下で志望校を目指せる安心感でしょう。「塾の先生に任せておいて第一志望校に合格できた！」という喜びの声が保護者から聞こえます。塾との出合いで子どもがやる気を出し勉強が好きになってくれたら最高ですね。

一方で、「高い月謝を払って塾にいってもなかなか伸びない」という声もあります。成績が伸びないからと塾を変えている保護者もいます。塾にいけば、第一志望校に必ず合格できるという話ではありません。伸びなかった子どもは、保険を掛けた上で志望校を変えずに受験をするか、最後に志望校を下げるかが選択となります。実際には、目指していた志望校は不合格となり併願した私立高校に通っている子どもはたくさんいます。もちろん、これは塾なしでも同じことです。ただ、もし同じ結果だった場合、塾にいかずに自宅学習で受験に挑戦していたら、同じ不合格でも得られるものが違ってくると私は考えています。塾なし受験を選択してほしい理由がここにあります。

塾については気がかりなこともあります。よく目を凝らすと、経営のために過熱する受験産業という側面が見え隠れしています。塾は、少子化で減少している子どもたちを取り合って生き残らねばなりません。教育には産業としてだけでなく、「子どもを育てる」という大義があります。時として子どもに過剰な競争をさせる塾での教育は、多くの子どもたちにとって当たり前に必要なのでしょうか。私が疑問に思うことです。

コロナ禍と塾の存在理由

新型コロナウイルスの影響を受けた令和の時代は、新しい価値観や生活様式を取り入れ、日々変化しています。「密を避ける」ことが定着し、塾でも対策はとられていますが、受験生にとって、塾に集まることは「リスクと隣り合わせ」であることに変わりありません。できることなら、人との接触を減らしたいのが本音。これは、インフルエンザもコロナも同様です。教室に集まって勉強するスタイルから、自宅学習をするスタイルへ。入塾しても、オンライン授業などを取り入れて通塾しない選択肢も増えました。コロナの影響で、世界が大きく変化しています。受験に対する勉強方法も変化するときなのかもしれません。

塾に通うことが本当に必要な子どもはいると思います。

が、塾に通わなくても第一志望校に合格できる子どもも、実はたくさんいると思っています。

公立校でも、中学になると塾に通う子がグンと増えます。実際に中学3年時、息子のクラスも大半の生徒が塾に通っていました。果たして、それほど多くの子どもにとって塾は本当に必要なのか、私が常に疑問に感じていたことです。

では、どんな子どもにとって、塾は必要なのでしょう。私も学生時代に家庭教師をした経験がありますが、学校の教室で授業についていけない、勉強の苦手な子どもは、例えば、個別塾や家庭教師のように、少人数・マンツーマンで丁寧に教わることによって理解できる。そういう児童・生徒にとって、塾は必要でしょう。勉強が苦手で、教科によっては、ちんぷんかんぷんだとすれば、自分に合った塾にいくことは自然な選択になるでしょう。塾の大きな存在理由は、まずここにあります。プロにサポートしてもらうことで成績が伸びる子どもが実際にたくさんいる。このことは、もちろん理解しています。

では、クラスの平均点以上を取れる子どもは、予習・復習・試験対策を自分の力でできないのでしょうか。いいえ、（やっていないだけで）できると思います。

塾なしでいけるかどうかのポイントは、学校の授業の理解度にあります。学校の授業で内容があまり理解できない生徒は、塾で授業の解説をもう一度聞くほうがよいでしょう。反対に、授業で勉強している内容が「だいたいわかる」（ちんぷんかんぷんではない）という子どもであれば、実は、塾は必須なのではなく、自宅学習でもいけるでしょう。むしろ、塾なしのほうが力のつく子もいると思います。

ポイントは、学校の授業内容の理解に大きく不安があるかどうか。不安がある場合は、塾や個別指導でおさらいをして、定着を図るほうがよいと考えています。
一方、学校での授業がだいたい理解できる子は、ここで、塾任せにせず、自分の頭で考えて、取捨選択をしながら自宅学習をする。これを繰り返すことで、将来につながる主体的な勉強ができる子どもになります。

授業後や定期テスト前に自宅学習だけで対策ができるかどうか、本人と保護者の見極めは必要ですが、今は塾ありきの世の中ですから、みなさんは「塾なし受験」についてあまり考えたことがないでしょう。だからこそ、本当に塾が必要なのか、塾は当たり前ではないかもしれないということを、ぜひ一度考えてほしいと思います。

本書は「塾なし」をおすすめするものの、もちろん塾に通うメリットは当然あります。しかし、中学受験や大学受験と異なり、高校受験は親の適切なサポートがあれば塾なしでも可能だということをお伝えし、ひとつの選択肢にしてほしいと考えているのです。
この本を読み終わる頃には、「周りのみんなが通っているから」と、当たり前と思っていた塾についての意識が変わってしまうこともあるでしょう。また、どうしても塾代を削らなければならない事情があり、「本当は塾にいかせたいけれど……」と悩んでいる方へのヒントになるかもしれません。

では、「塾なしを選びたい！」と思ったとき、何を知るべきか、どのような準備をすればよいのか、具体的にどう進めるのかなど、息子と私の受験体験を例に挙げ、共有していきたいと思います。

コラム①

学校の先生に聞いてみた①

受験後、息子の担任だった中学の先生に「塾なし受験をすることを心配していましたか？」と聞いてみました。先生によると当時も今も塾にいっていない生徒はクラスに一人、二人いるかいないかです。

息子について「外部模試をきちんと受けていたし、作文の添削などご家庭のサポートが垣間見えたので安心していました。学校での態度からも、あまり心配な要素はなかったです」と返ってきました。

「塾なし受験をできる子はもっといると思いますか？」とも聞いてみました。すると「はい、いると思います」とのこと。学校と塾のダブルホームワークは生徒たちの負担になっていて、「勉強に疲れている子が多い」といいます。塾では3教科か5教科を選択している子が多いですが、先生は「例えば苦手な英語だけにするなど、もう少し上手な使い方ができる

のではと思う」と話されました。

塾に当たり前に通っている今の中学生は、勉強しすぎの印象があります。時間や量ではなく、勉強は質が大切です。塾でやればやるだけ伸びる子はいるかもしれませんが、許容範囲を超えている子も多いでしょう。塾あり塾なしにかかわらず、学力を上げるために何が必要かを考え、自分で取捨選択して受験勉強をすることが合格への近道のように思います。

導入編

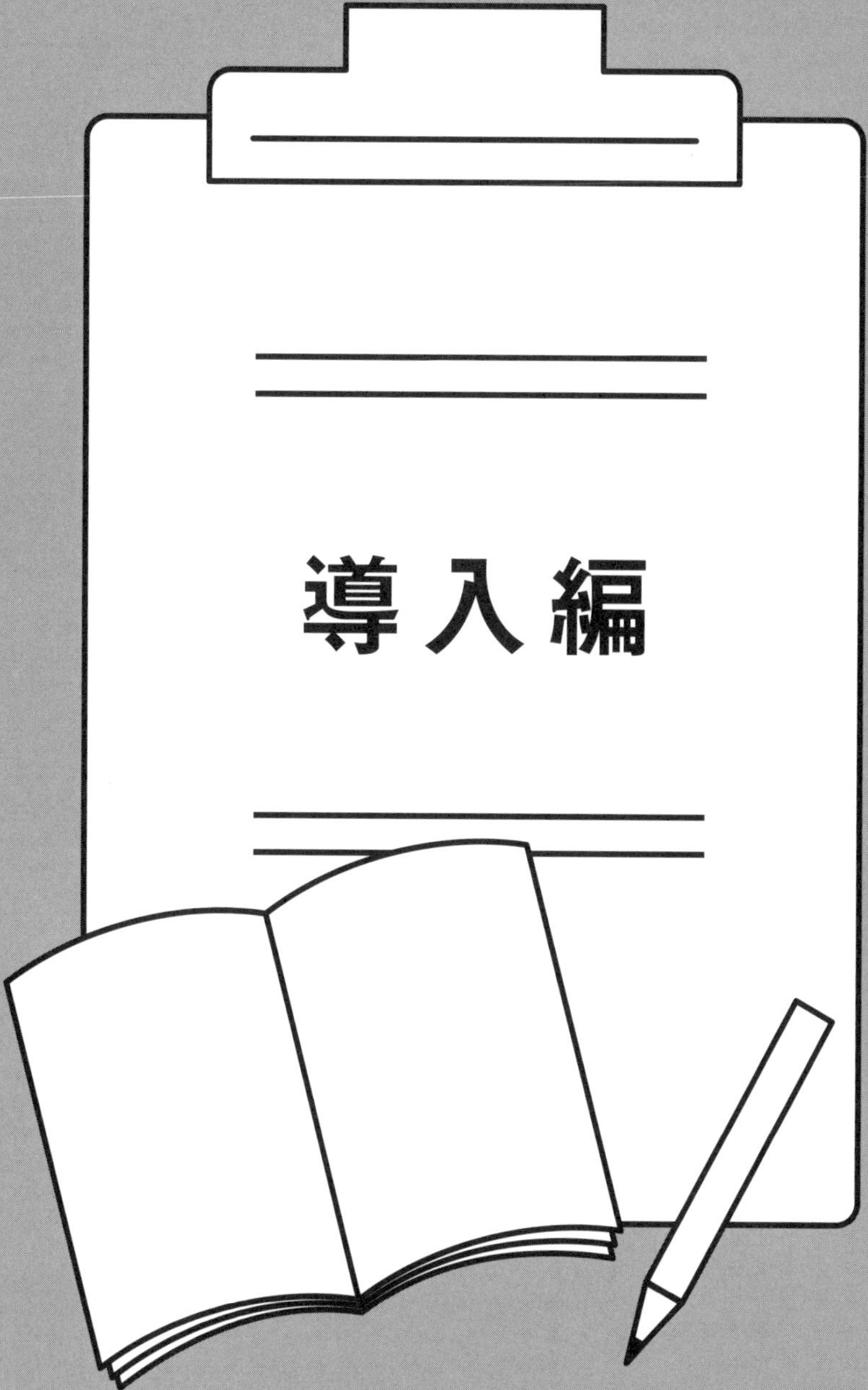

第1章

「塾なし受験」で得られる三つの大きなメリット

「塾なし受験」の三大メリットはこれ！

多くの中学生が塾通いをする時代に、塾なし受験を決心することは、もしかすると勇気のいることかもしれません。高校入試は人生に1回、浪人して挑戦し直すことは、選択肢にほぼありません。

文科省の学校基本調査によると、通信制高校も含め、高等学校への進学率は98％以上。残りは、病気や家庭の事情、就職などですから、高校浪人をしている15歳はほとんどいません。

この数字を見ると、人生にたった一度きりの大切な進路のように思えますが（もちろん大切な進路なのですが）、社会に出て「どちらの高校出身ですか？」と問われることは、ほとんどありません。時々、テレビなどでは、開成や灘出身などという肩書のクイズ王を見かけますが、一般的に学歴を問われる場合は、今なお出身大学を答えることが多いでしょう。

現実として、予備校制度などもないため、高校受験は、第一志望でなくてもどこかの高校に進み、その先の進路に向かっていくことになります。しかし、恐らく最も重要なのは、受験の結果ではなく入学した高校での本人の意識や目標であり、入学後の行動です。もちろん、高校選びは大切ですが、その**高校でどう過ごすかが最も大切**であり、その後の人生がどのようにかたちづくられていくかは、どの学校にいっても入学後の自分次第、ということでしょう。

この本を手にとってくださった方は、受験を迎える中学生の保護者のみなさんが多いと思います。では、ここでみなさんに質問です。

「今まで、『塾なし受験』することを考えてみたことはありますか？」

息子が中学生になって以降、我が家では「塾にいく必要はあるのか」という疑問について、夫婦・親子で考えてきました。というのも、息子の周囲で、塾に通っていない生徒を見つけることができなかったから。これは、東京などの大都市と地方などで、もちろん差はあると思いますが、前述の「高校進学を考えている中学生の多くは塾に通っている」という現実があります。

「当たり前を疑う」、夫婦ともにあまのじゃくなのかもしれませんが、大切にしていることのひとつです。

「それぞれの高校に偏差値があるように、生徒が進学する高校はバラバラにもかかわらず、クラスメートのほとんどが塾通いをしているこの状況は、果たして正常なのか」とずっと疑問に思っていました。

もちろん、個々の目標や希望にしっかり合わせた対応がなされる塾もあれば、そうでない場合もあるでしょう。塾の運営上、ある程度ひとくくりにされてしまうこともあります。塾に通って成績を上げる子もいれば、思うようにいかない子もいます。それでも、多くの子どもは塾通いをしています。

「塾にいかなければ、子どもたちはいきたい高校にはいけないのか？」

これは私の大きなクエスチョンでした。塾にいくメリットはたくさんあり、そのおかげで希望の進路をかなえる子どもはたくさんいるでしょう。しかし、子どもの義務教育・受験を社会の基盤である教育の問題として考えたとき、この現状にはどうしても違和感を抱かざるをえないのです。なぜなら、中学校で必要な勉強はしているはずで、希望の進路に進むことをカバーできない義務教育なのだとすれば、それは困ったことです。塾にいかないと高校受験をすることが難しいような教育・受験制度なのだとすれば、それは変えなければならないはずです。

やはり、公立中学生の約7割が通塾しているこの状況はおかしい。

そして、私たち家族は、中学生となった息子と一緒に、「塾なし」高校受験を選択し、実践し、入試に挑戦しました。**結果、息子は塾なしでも第一志望校に合格しました。**

「塾なし」高校受験の三大メリットは、

「家計が劇的に助かる」
「子どもに『本物の学ぶ力』がつく、絶対的に成長する」
「家族の絆が強まる」

これが、塾なし受験を通して私たち親子が合格にプラスして得たことです。想像してみてください。我が子が志望校に合格し、さらに子どもや家族にとってよい影響があるとすれば、塾なし受験は最高だと思いませんか？

では、この三つの大きなメリットを詳しく見ていくことにしましょう。

メリットその１ 家計が劇的に助かる

最もわかりやすい、大きなメリットはこれでしょう。

家計の中で聖域といわれる教育費ですが、その聖域を大きく占めるのが「塾代」です。教育費が聖域といわれるのは、子どもの将来に関わるため。そして、やっかいなことに、塾代は、子どもの成績、受験や進路に関わるため、親にとっては、削りにくい部分なのです。

塾なし受験のイロハの前に、一般的な「塾あり」受験について調べてみましょう。

進学塾の授業料を相場から見てみると、
中1から通塾すると、150万～最大280万円
中2から通塾すると、110万～最大200万円
中3から通塾し始めても、70万～最大120万円

塾なしだと、授業料は0円

金額の幅は、集団か個別、それぞれの塾によるもので、この他、塾によって異なる教材費や教室維持費、季節講習費、また、ご家庭によってはプラス交通費がかかります。月謝以外に必要な経費がある、ということです。また、過去問など受験に必要な参考書、模試などの検定料は、塾あり・なしにかかわらず必要です。

3年間で最大約280万円、中3の1年で最大120万円かかる塾代が、「塾なし受験」をした我が家の場合、模試や過去問の代金を含めても**中3の1年で約20万円**ほどでしたから、**1年間で100万円の差**があります。単純に、年間の塾代だけでもカットできれば、家計にとっては大きな節約となるでしょう。

今は、通信教育やオンライン教材など、通塾のスタイルをとらずに学習を進める選択肢が増えています。これらを活用することで、塾代より、費用を抑えることが可能です。中3になって、高校入試のために入塾する生徒もいますが、通塾ありきではなく、さまざまな選択肢を検討してみることも可能になっています。

塾通いをしないこと、これは**子どもにとって、大きな時間の節約にもなります**。塾への往復時間は、いかなくても済むものであれば、その分を勉強や他の時間に充てることができます。

「時は金なり」とはまさにこのことで、受験生にとって時間は、どれだけあってもいいもの。やっておきたいことが見えてきたとき、時間が足りないと感じて焦る受験生も多いでしょう。塾のペースで進むことは、ある受験生にとっては、合理的で効果的となるかもしれませんが、片や、ペースを合わせなければならない受験生にとっては不都合です。とはいえ、月謝を払っているので、自分のペースを優先して休んだりするともったいない。

塾なし受験のいいところは、**自分のペースで周囲に合わせる必要なく、自分自身の受験のためだけに時間を使えること**、なのです。

家計と時間の節約になる、このことは本当に大きなメリットです。

何より、聖域と呼ばれる教育費を大きく占める塾代を削ることができる。その上で、春に志望校に合格できれば文句なしです。

さらに踏み込んでいえば、志望高校に合格することが子どものゴールではありません。その3年後、さらに大学に進学をすることを考えれば、引き続き、教育費はかかります。塾なし受験をすれば、中学時代にかかる塾代を、未来の教育費のために貯蓄できる、というわけです。

メリットその2
子どもに『本物の学ぶ力』がつく、絶対的に成長する

「学ぶ力＝学力」とはいったい何でしょうか？

まず、成績と学力の違いを考えてみましょう。

通知表や偏差値などで表示されるのは、子どもの成績です。テストや課題、授業態度などから学校の先生が評価するのが通知表の成績。模試を受けて、その結果から数値化されるのが偏差値です。

では、学力とはいったい何でしょうか？

「学校教育基本法」などで文科省が定義している学力の三要素は、

①基礎的・基本的な知識・技能。
②知識・技能を活用し、自ら考え、判断し、表現する力。
③主体的に学習に取り組む意欲。

とあり、「学力」という言葉は、法律で定義されています。

成績は、学力に含まれる一部でしかありません。要するに学力とは、人間性や体力と同様に、「続いていく人生において、学んだことをうまく使い、幸せに生きていくための力」ということになります。

そして、この**生きていく力は、同じ受験生なら、圧倒的に塾なし受験をすることによって養われる**と考えています。

ではなぜ、塾なし受験で、本物の学ぶ力がつくのでしょうか。

学力ほか生きる力

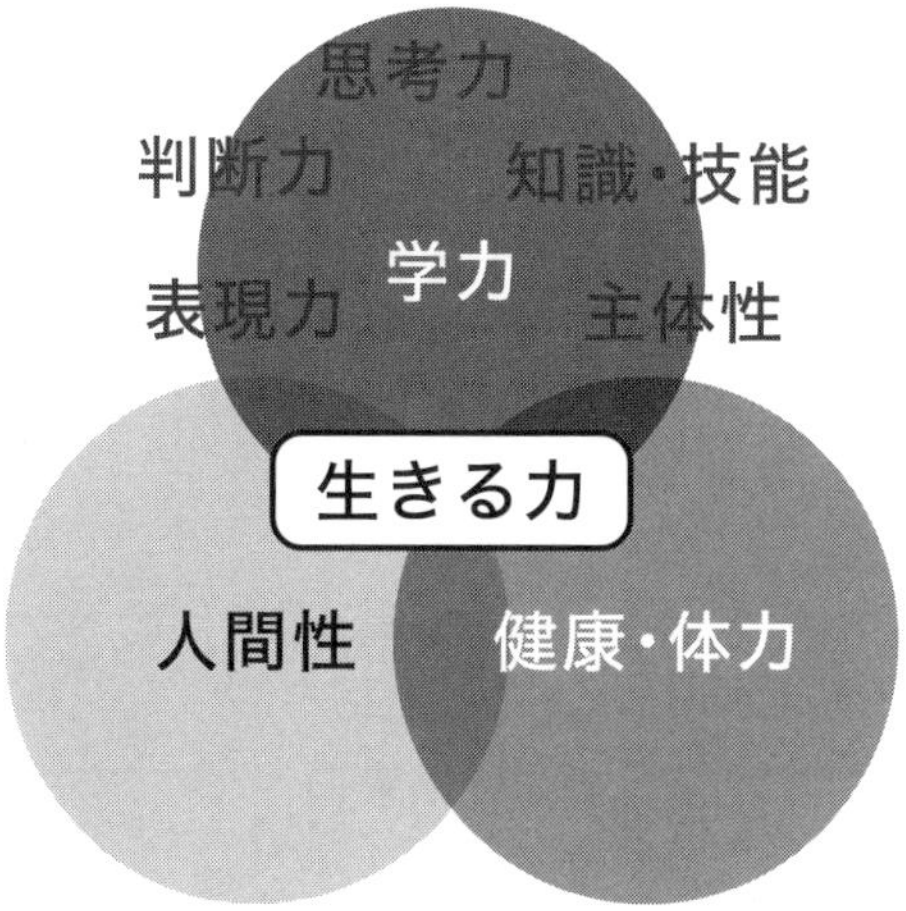

理由は、自分で考えるからです。どうすれば目標を達成できるか考える。そのために何をすべきか考える。自分の実力を分析して対策を考える。このように自分自身で考えながら、合格までの道のりを歩いていくからで、本物の学ぶ力はこうして培われていくのです。

プラン → 計画を立てる。対策を立てる。
ドゥ → 勉強する。模試を受ける。
チェック → 自己分析、実力分析、結果分析をする。
アクション → 計画や対策を見直す、立て直す。

これらの要素が、塾なし受験計画を進める

「塾なし」受験のPDCAサイクル

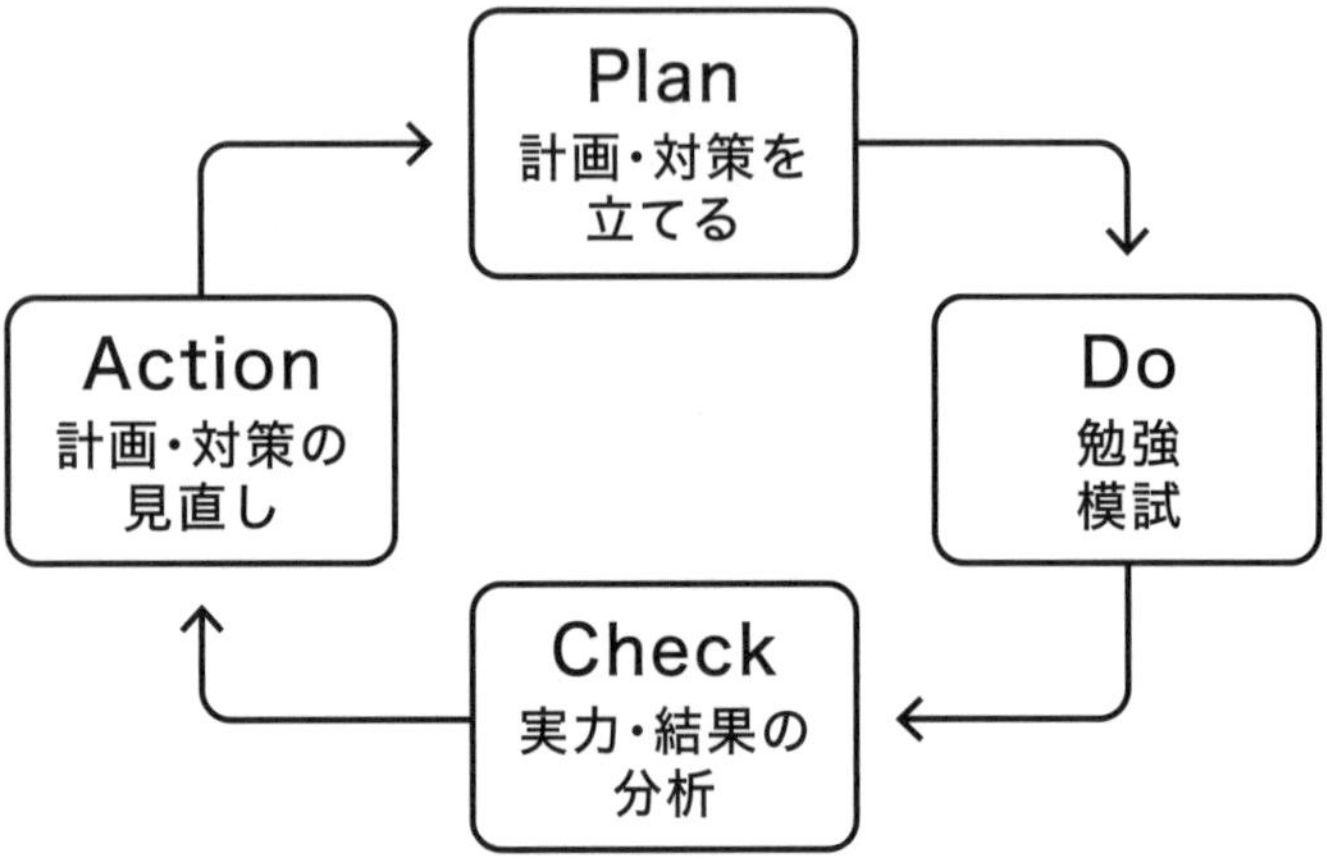

中で必要、かつ自然に行われていきます。

自らの行動（受験勉強）は、自分で考えた方法や選択とリンクしている。つまり、**自分で考えてやっている。「自考する」**、これがポイントなのです。

塾で大人から与えられた課題をこなして力をつけていくよりも、自分で必要なことを考え、選び取って力をつけていくほうが、本当の学力＝生きていく力がつく、というわけです。

①具体的な方法やプロセスを、段階的に自分の頭で考えていくことによって、目標を達成するためにどうすればいいのか、考えつつ進める体験をしている。

②自分で考えるということは、なぜ、この勉強が今の自分にとって必要なのか、その理由を理解しながら勉強している。

自分で考える力は、塾の先生が作ったカリキュラムを、言われるがままやっていても身につきません。反対に、塾なし受験を乗り越えた子どもは、自然とその力が身についてくるというわけです。そしてこの自考する力は、社会に出てからも必要となる力なのです。

塾なし受験を通して子どもは、社会で生きていく力を自然と身につけていく。

受験もひとつの社会経験と捉えると、過程で得られることは多いほうがすばらしい。知識の詰め込みだけでなく、本物の学力＝生きる力がつくことが、塾なし受験のいいところです。

受験に限らず、子育てをしている最中、子どもの成長を感じられた瞬間は、本当にうれしいものです。受験生になり、塾で勉強に励むお子さんを見て、成長を感じている方もいらっしゃるでしょう。しかし、塾なし受験となると、成長を感じる回数や度合いは、その比ではない！と、経験から断言します。

息子の場合、これほど成長するとは、はっきりいって想定外でした。受験を終えたとき、息子の予想以上の成長ぶりに、私たち夫婦は感動しました。塾なし受験には、「子どもの成長」というのうれしいおまけがついてきます。これは、塾なし受験を通して私たちが身をもって知ったことです。

もちろん、塾なし受験を遂行していく途中、これで本当に大丈夫なのだろうかと、私自身、自問自答をする日もありました。迷いが出る一番大きな理由は、「この選択が、私自身の未来につながっていくことではない」からです。

息子にとってこれは正しい選択なのだろうか、と悩んでしまうのです。自分のことであれば、自分で決め、責任を持ってやりきるだけです。たとえ失敗しようとも、自分で選んだ道。結果がどうあれ、受け止められます。もし、これが誰かに言われて選択したことだとしたら……、そうはいかないかもしれません。

親として、自分の未来ではない、かけがえのない我が子の未来のことだからこそ、迷い、不安になるのです。

そして、子どもたちも、私たち大人と同じなのです。彼らも、自分がした選択であれば、責任を持って頑張り通せる。どう転がっても、結果を受け止めるしかないでしょう。傷つくこともあるかもしれませんが、少なくとも、**結果を人のせい（親のせい）にして逃げることなく、また進んでいける**。これが彼らの人生にとっては大きな意味のあること、すなわち成長するということなのです。

幸いにして、中学受験をする小学生ではありません。高校受験は中学3年生。自分の進路、いきたい高校を自分で考えられる年齢になっています。

自分で選択・決断した目標に向かって、自分でプランや作戦を立て、日々努力して、結果を待つ。時に不安を感じながら、時に迷いながら、でも自分で選んだ道を、努力を重ねて一歩ずつ進んでいきます。

もちろん、その先に待っている結末は、誰にもわかりません。受験とはそういうもの。もしかすると、希望した目標に届かないかもしれません。絶対に大丈夫とは、誰も言い切れません。それでも、結果だけではなく、この経験をしたことにこそ意味があって、これから続いていく子どもの人生において、大きな収穫となるのです。

想像してみてください。塾なし受験をした子どもの経験知は、塾通いの受験生と比べるとその差は歴然です。主体性、経験値、計画実行能力、分析力や思考力など、塾なしで受験した15歳の力は、「こうすれば合格できる」と指示されたことをやっている15歳に大きく勝ります。そして、これらの力こそが、本当の学ぶ力であり、生きていくために必要な能力なのです。

この能力を身につければ、**子どもが絶対的に成長する！**

こんなうれしいことはありません。

メリットその３
家族の絆が強まる

塾なし受験を経験して強く感じたもうひとつのメリットは、**家族の絆が強まったこと**、でした。

高校受験という目標に向かって家族で頑張った体験は、一生に数回あるかないかのとても貴重な体験になります。大きなプロジェクトをやり遂げた達成感を、家族みんなで共有できる機会は、人生で恐らくそう多くはないでしょう。息子の合格に向かって、1年以上にわたり親子で一緒に考え、話し合いながら過ごした日々、そして乗り越えたときの喜びは、私たち家族の大きな財産となりました。

子どもの受験を塾任せにしてしまうと、その財産を得る機会をなくしてしまいます。大学受験となれば難しいかもしれませんが、高校入試はやり方次第で、塾に頼らず自宅学習で乗り越えられる、希望をかなえられる子どもは、実はたくさんいるでしょう。

家族で受験を乗り越えた体験は、親にとっても子どもにとっても、そして兄弟姉妹にとっても、とても価値のある財産になる。そしてこの経験は、将来の親子・家族関係にもよい影響を及ぼすでしょう。

高校受験は、家族の絆を強めるチャンス！なのです。

「塾なし受験」のデメリットは？

では逆に、塾なし受験のデメリットについても考えてみましょう。
お金を払えば、塾の先生がやってくれることを親がやるわけですから、最大のデメリットは、**時間と手間がかかること**です。

「家族の絆が強まる」メリットがあるということは、裏を返せば、子どもと向き合い、時間と手間をかけて受験をサポートしなければならないということ。**高校受験のサポートを子育ての一環として、日常に組み込めるかどうかがポイント**になります。例えば、作戦を練り、計画を立てるなど親子で経験することから生まれるメリットと、そのためにかかる手間や時間は表裏一体。成長に必要なプロセスと考えるか、面倒な手間だと思うか、どちらかになるというわけです。

また思春期の中学生ですから、子どもと良好なコミュニケーションを取れる関係ができていればスムーズですが、そうでない場合は、コミュニケーション面で苦労する可能性があります。肉親よりも塾の先生など他人の大人のほうが話しやすい子どももいるでしょう。

塾なし受験のサポートをする時期は、家族関係が普段以上に密接になります。1年前後という限定された期間ですが、思うように成績が伸びない時期やコミュニケーションがうまく取れない場合、お互いに少し煩わしさを感じることが増えるかもしれません。

また、我が子の進路を塾任せ＝人任せにしないということは、自分たちの責任のもとで受験し、万が一希望通りにいかなかった場合も、他人のせいにはできません。親として責任も大きくなります。「受験は失敗できない」のは、塾あり・塾なしも同じですが、塾なしの場合は、親子で頑張った結果をしっかり受け止めなければなりません。

塾あり塾なし比較表

通塾受験		塾なし受験
コスト高	教育費	経済的
塾で作成	学習計画	親子で作成
塾の指導下	学習	自宅学習の習慣
塾	サポート	家族（絆が深まる）
プロにお任せ	作戦・分析	親子自力で（子どもが成長）
通塾に要時間	時間	移動時間の節約
塾の先生	協力者	学校の先生

この他デメリットとしては、受験の不安や心配事への対処法について、塾なし受験の参考事例が少ないことや相談相手を見つけにくいこと、などが挙げられます。

ここまで、塾なし受験のデメリットについて考えてみました。塾なし受験は、丁寧な暮らし・スローライフに似ているように思います。梅干しは買ってしまえばすぐ食べられますが、旬の青梅を買って自分で梅干しを作る。干して漬けるという手作りの楽しさ、出来上がりを待つ楽しさがあります。塾なし受験は「丁寧な子育て」です。子育てという旅の途中にやってくる受験期を、塾に任せず、自分たちで考えながら丁寧に過ごすことで、親子が成長する時間になるのです。

塾なしでも、勉強をするのは受験生本人ですし、勉強を教えるのは学校の先生やオンラインを含めた教材です。親が家庭教師になるわけではありません。進路や勉強方法に迷ったら、学校の先生の力を借りられます。「受験は失敗できない、したくない」のは、塾ありも塾なしも同じこと。塾にはプロフェッショナルな講師や知見が集まっていますが、コロナ禍で塾のオンライン化や塾がもつ受験情報の公開など、自宅学習の体制強化は進みました。対抗する学習動画の配信も増えています。もはや、通塾ありきの時代ではなくなってきているのです。

子どもが進路を選択する際、必ず、親のアドバイスは必要になるでしょう。とにかく、しっかりと自分で選択をさせるために、子どもとよく話し合いましょう。親の希望を押しつけていないか、時に自制しながら、不安や迷いを抱える子ども自身が覚悟を決めるまで、丁寧に向き合うことが大切です。

アドバイスは、子どもの成績や性格を一番わかっている親だからこそ、そして、子どもの幸せを一番に考えている親だからこそ、親身になってできるものです。そのアドバイスに、多くの子どもは導かれ、自らの選択をすることになります。成長の過程を親として手助けし、見守っていけることは、子育ての醍醐味です。

反対に、成績を見て進路のアドバイスをする塾の先生は、子どもの将来を見てくれているでしょうか。もちろん親身になって進路の相談に乗ってくれる先生はたくさんいるでしょう。ただし、その裏には残念ながら偏差値重視という現場の事情があります。塾の知名度アップにつながる受験や進路を勧められる場合もあるでしょう。塾は「合格実績」という成果を求めています。そうなると勧められた選択は、必ずしも我が子の幸せにつながるとは限らないのです。

本書は、塾なし受験を勧めていますが、塾に通うメリットは当然あります。塾は、子どもがいきたいと望むのであれば、いかせる親がほとんどでしょう。中学生になって、部活と勉強を両立させるのは大変だからと、自ら塾にいくことを望む子どももいます。中学の勉強が心配だからと信頼する親に勧められ、塾にいく子どももいるでしょう。どちらも子どもの進路や中学生活を考えてのこと。プロの力を借りることは当然、選択肢のひとつです。ただ、中学受験や大学受験とは異なり、高校受験は親の適切なサポートがあれば、塾なしでも受験が可能（だった）という事実をお伝えしたいのです。

今までの話を踏まえて言いますが、もし塾に通っていたとしても、**「塾任せにしない」**ことが大切。他者にゆだねることなく、親子でしっかり受験に向き合い、乗り越えていきましょう。押しつけや過干渉はダメですが、無関心もダメです。「塾任せにしない」は、これからの子育てのキーワードになるでしょう。

当たり前に塾にいか（せ）ないでください。塾が我が子に本当に必要なのか、考えてみてください。

塾なし受験は正直、経済的メリットは大きいですが、親の時間やサポート体制のよしあしが勝負の決め手にもなります。それでも、塾なし受験は、これから変化や困難の多い時代を生きていく子どもにとって、たくさんの経験を与えてくれます。乗り越えたときの本人の成長と、家族の絆の強まりは、そうそう簡単に得られるものではありません。ネット時代の「動画配信＋自宅学習」のスタイルが、いっそう塾なし受験への後押しをしてくれるでしょう。「塾なし」高校受験をするには、またとないチャンスなのです。

通塾データ参考資料

（文部科学省「平成30年度子供の学習費調査」より作成）

公立中学生が通塾する割合（人口規模別）	
公立中学校全体	69.3%
5万人未満	55.1%
5万人以上15万人未満	64.6%
15万人以上	75.3%
指定都市・特別区	75.7%

コラム②

塾にいったほうがいいですか？

息子の担任だった先生が言うには、中学1年の三者面談では、よくこの質問を保護者から受けるそうです。

保護者「先生、うちの子は塾にいったほうがいいですか？」

または、「先生、中学になったら塾にいく子が多いようですが、うちもいかせるほうがいいですか？」

先生「しばらく様子を見てあげていいと思います。自分で勉強する力や習慣を身につけてほしいです。部活や学校生活も頑張ってもらいたいですし。それでもどうしても塾に、となった場合、塾にいくのは中2の3

学期からでも決して遅くはないです」と答えているそうです。

みなさんの中にも、面談で同じ質問をしたことがある方がいるのではないでしょうか？

この先生の答えを聞いてどうすればよいのか少し不安な気持ちになったら、本書が役立ちます！　勉強方法は受験も学校の定期テストに対しても同じ、「計画と実行と見直し」です。中1からこの習慣ができれば、そのまま塾なしで高校受験にも挑戦できるでしょう。

学校の先生のなかにも、「塾で」ではなく、生徒には自ら勉強習慣をつけてほしいという意見があるようです。

第2章

「塾なし受験」のための親の心構え

❶「塾なし受験」親ができること・すべきことは？

受験生にとっての理想的な親の在り方は、ズバリ「サポーター」だと考えています。親である私たちは、「受験生（我が子）を愛し、支え、応援する人に徹する」ということです。

サッカーでいうところの「サポーター」は、クラブにとっては欠かせない存在で、熱狂的にクラブを愛し、懸命に応援をします。勝負の世界で苦楽をともにし、金銭的にも精神的にも支えるため、選手のモチベーションにも大きく影響を与えています。なんだかよく似ていませんか？　勝負に向かう受験生を、金銭的にも精神的にも支え、懸命に応援している親の姿に。

親子関係は、もともと縦の関係なので、並んで走ることが時に難しい場合もあります。親と子、それぞれの性格や職業など、家庭環境は個別に全く違うものですから、十把一絡げにはできないですが、塾なし受験に挑戦する場合、親の在り方や立ち位置は、この「サポーター」のイメージが理想的ではないかと思います。

中学生の子どもはある意味、親に従属する関係性といえます。しかし、「塾なし受験」を目指す場合は、上から指示したり、決めつけでモノを言うのではなく、できるだけ伴走するサポーターの心構えでいましょう。横に並んで、もしくは周囲からサポートする、あくまでも主役（プレーヤー）は受験生です。

私は現在、公立小で学習支援のコーディネーターとして、学校教育のお手伝いをしています。校長先生など管理職を含め先生と話すこともあって、公教育について考える機会があります。

私が知る現場の先生は、毎日、真剣に子どもと向き合っています。子どもにとって学校は、一日のほとんどの時間を過ごす場所であり、先生は、子どもの未来に大きな影響を与える大人の一人です。先生一人ひとりに個性があるのは当然ですが、多くの先生は、やり方は違っても、目の前の児童・生徒に対し、懸命に向き合い、日々頑張っています。

そのような現場で、時折、子どもの学習を学校に任せすぎる保護者に出会うと、内心、少なからずもやもやします。やはり、**子どもの教育は、学校と家庭の両輪でなされるべきもの**、というのが持論です。親だけが必死で子どもを育てるわけでもなく、学校の先生だけが教育の責任を負っているわけでもない。少なくとも、**子どもが必要とする教育にはどちらも必要**だ、ということです。

両輪がうまく作用せず、一方だけではバランスが悪く、9年間の義務教育という道のりを走るのは難しい。一方にばかり負担がかかる状態ではうまく走れません。「子ども・学校・家庭」の三者一体のバランスの大切さを理解し、学校と家庭の両方から支えることで、子どもたちは健やかに成長していきます。

想像してみましょう。

例えば、学校の先生にとって我が子は、40人いるクラスの子どもの中の一人の児童・生徒です。親は、子どもを一対一に近いかたちで見ていますが、先生は、大きな輪の中にいるその子に対応しています。我が子は、クラスの中心にいるわけでもなければ、先生の正面にいるわけでもない、ということ。それが、教室の普通の姿です。学校教育は、その教室内にいる児童、生徒に満遍なく与えられているものです。

「子どもの字が汚いので、もっときれいに書けるようにしてほしい」「九九を覚えられない」といった、個別に過度な要求を先生に望むことは、公教育の狙いから外れてしまいます。悩みを相談することはＯＫですが、漢字も九九も学校できちんと教わったその先は、

子どもを支えるイメージ

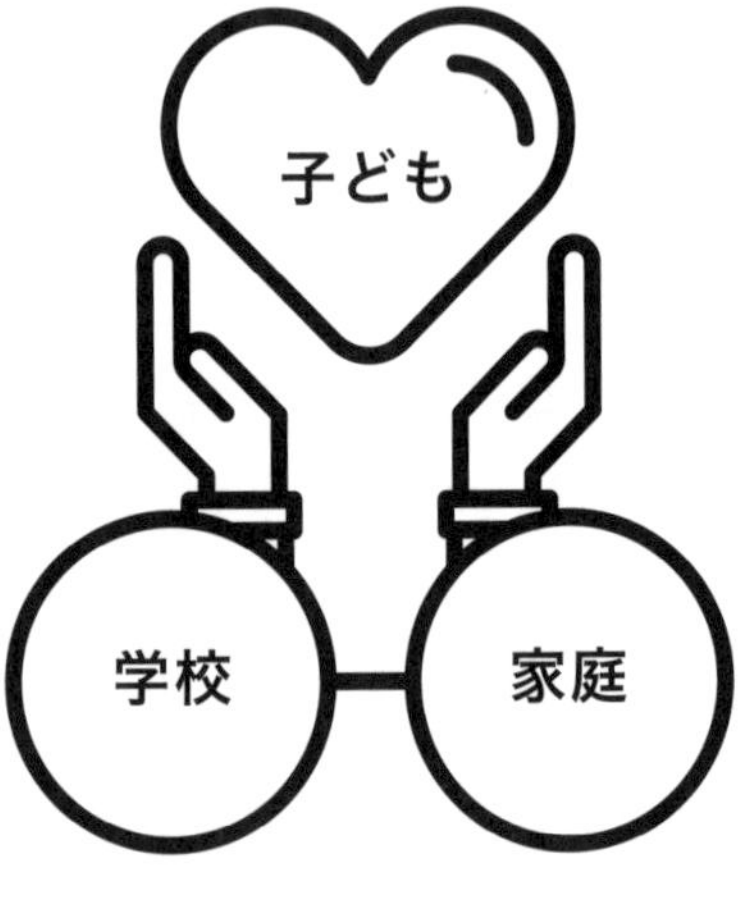

各家庭の範囲になるでしょう。

義務教育期間の子どもに必要な教育・学習は、学校と家庭がセットで行うべきで、子どもが小学生から中学生になったとしても、このことは、あまり変化しないのではないかと思います。

公教育は、家庭のサポートがあってこそ。

子どもが成長していくにつれ、手は離しても、目や心を離すことなく、しっかりと子どもに向かう。必要な場合は、手を差し伸べる。並んで走る。家庭の役割は、「子どもの力」を伸ばしていくこと。義務教育期間、親である私たちは、自分たちも教育現場の中心にいるということを自覚すべきだと思います。

子どもが小学生の頃は、音読を聞き、宿題の丸つけをしていたご家庭が多かったでしょう。子どもがわからないと言う算数の質問に答え、教えることもあったでしょう。それなのに、中学生になった途端に、特に勉強のことは塾任せにしてしまう、もったいない家庭が多いように感じます。子どもを「学校と塾」の両輪で走らせるのではなく、「学校と家庭」の両輪で走るスタイルは、今はマイナーなスタイルですが、実際にしっかり走れるコスパの高いやり方なのです。

話は少し変わりますが、子どもに度を越した勉強をさせる「教育虐待」という言葉を耳にすることがあります。この問題は、親が子の受験や進路について、本人の意思を無視する、または軽視することが前提にあります。その上で、親が子どもに過度に求め、肉体的・精神的に苦痛を与えてまで勉強を強いる状態のことです。

この問題は、特に中学受験をする小学生の親に見られることが多いそうですが、高校入試でも同じ状況に陥る可能性はあります。実際に、親子で志望する高校が違い、父親が強く望んだ高校を受験し不合格になった話を聞いたこともあります。

当たり前のことですが、最も大切なことは、「本人が納得して志望校を選択する」ことです。中学受験については、子どもはまだ小学生ですから、親の考えがなおさら色濃く（ほとんど親が決めていると想像しますが）、「教育虐待」といった、本末転倒な悲劇に陥ってしまうのかもしれません。

高校受験を控えた子どもと一緒に走る際に忘れてはいけないこと、それは、**親は「サポーター」**だということです。受験は子どもの未来、子どもの人生のための選択で、決して、私たち親の人生の選択ではない、ということを忘れてはいけません。子どものことを懸命に考え、熱心になればなるほど、見えなくなってしまうこともありますから、冷静に伴走するよう心がけが必要です。

志望校を選択するとき、お子さんはもしかすると、親の思いとは別の選択をしようとするかもしれません。親心としては悩ましいところですが、そのときは、まず親の思いや考え、「親がなぜそう考えるのか」をきちんと子どもに伝えて、しっかり話し合ってみましょう。

志望校選びは、約8割の子どもが「保護者の話」「高校の見学会や説明会」を参考にしたという調査結果があります。親は自分の理解者であり、受験校や進路の相談相手だと考えている中学生が多い、ということでしょう。（※ベネッセ教育総合研究所　高校受験調査　２０１１年）

それでも、もし最終的に本人が違う選択をすると言うならば、少なくとも私は受け入れます。我が家の場合も、第一志望校を最終的に決心したのは息子でした。目標を高くもちたい、その思いを理解して応援すると決めましたが、隠してはいても、やはり少し不安はありました。

中学生が自分で答えを出すということは、簡単なことではありません。でも、本人が納得して出した一大決心を、私たちも応援するしかないと、すぐに腹をくくりました。決めたら、あとはやるだけ。息子の通う高校、息子の人生ですから、絶対に本人が納得して選ばなければなりません。

なぜなら、うまくいくとは限らないからです。

私たち人間は、失敗してこそ成長できる。失敗を受け止め、次に進もうとする思考と強さが大切です。しかし、自分で選択した判断の結果でない場合、そのようなマインドにはなりにくい。親が決めた選択、親の勧めで渋々受け入れた選択は、親のせいにできてしまう。「あのとき、親がこう言ったからこうなった」と。壁にぶつかったときに受け止められず、言い訳をして、失敗を自分以外の人のせいにできてしまうのです。

自分で選択する経験を積み重ねた子どもが大人になったとき、壁にぶつかっても乗り越えていく力がおのずとついていています。子どもたちは、自分が決めた選択の結果は受け入れ、責任をもつようになっていくでしょう。困難にぶつかったときに、この積み重ねがとても大切だと思います。

自分で小さな選択を積み重ねることは、たとえうまくいっても、うまくいかなくても、将来、自力で困難や局面を乗り越える力になっていく。それが「子どもを育てる」ということ。**決断や体験を積ませることで、誰かのせいにせずに生きていく力を身につけられます。**これこそが、親が子どもに与えられる大切な教育なのです。

とはいえ、中学生がひとりで考え、進路を選択することは容易ではなく、突き放せばよいという話でもありません。我が子を思い、その将来を心配する親心は万国共通です。

進路選択の際に、親としてできることは、

●選択肢を用意する
●一緒に考えてあげる
●自分の経験談を話して聞かせる

最も大切なことは、「受験は、子どもの未来のための選択」だということを忘れずに、人生の先輩としてアドバイスすること、自分で考え、自分で選択できるような環境を整えてあげることです。

私は、受験が近づき黙々と勉強する息子の背中を見ながら、国立高校を第一志望にした息子の選択は正しかったのだと確信しました。合格も不合格も、まだ何の結果も出ていませんが、それでも**「高い目標に挑戦することを自分で選び、努力すること」**を、**彼は実践していました。**

私たち親がやらせているわけではない、塾の先生にやらされているわけでもない。気がつけば、**自ら考えて、必要な努力ができる人間になっていた**のです。受験が近づくにつれ、この「塾なし受験」の大きなメリットを強く感じながら、私たち夫婦は、入試日までサポーターとして息子を応援し続けました。

受験生にとって、親は熱狂的サポーターであれ。

❷スケジュール管理は最重要ミッションである

「中3の受験生は本当に忙しい」というのが、受験を通した率直な感想です。勉強するだけでなく、部活動や生徒会など、3年生中心の活動が夏まで続く中、高校の見学会や模試が始まります。我が家でも秋以降、毎週末、学校見学や模試が入り、親子ともに休日返上で、忙しく過ごしました。

このように忙しくなる時期のスケジュール管理は、本人が全てできればすばらしいですが、多くの中学生にとっては、少しハードルが高いでしょう。必要な情報を管理する力と、何をすべきか自分で考えられることが大切なので、ゆくゆく、自己管理ができるようになることを目標に、我が家では親主導で作戦を立てました。**スケジュール管理は、社会で生きるためにとても大切な要素**です。社会人になれば仕事においても必要なスキルでもあるため、徐々に自分で管理ができるようなれるとすばらしい。ただし受験期は、必要なことを話し合いアドバイスしながら、勉強の計画を一緒に立てていきました。受験のスケジュール管理は、親のサポート力を生かせる部分でしょう。

管理すべきスケジュールの軸となるポイントは3つ。

- 定期テストや三者面談など学校のスケジュール（①）
- 学習以外の受験に関わるスケジュール（②）
- 教科別、目標達成のための勉強のスケジュール（③）

この3軸で考え、必要な情報を組み合わせながら、スケジューリングや可視化する作業などは、私が行いました。

①は、定期テストや面談など固定された学校の日程の他、引退までの部活の大会や体育祭、音楽祭といった学校行事など、学校のスケジュールです。中3は受験生でもあり、最終学年でもあるので、学校行事や部活も忙しいです。

②の学習以外の受験に関わるスケジュールとは、主に高校側の学校見学や説明会、見学できる文化祭などの行事、模試の日程、願書など受験の手続きに関するものです。

③は、教科別（主に国数英）に、どの単元でどの教材を使い、いつまでに学習するのかなど、自身の受験勉強に必要だと予想されることを書き出します。

詳細な方法は、実践編（第4章）でより具体的にお話ししますが、受験に向けたスケジュールを考える時点で、すでに自分たちで学習計画を立てることになります。弱点や苦手科目、強化したい単元、復習が必要な単元など、自身の学力分析が必須です。実は、この分析ができるということが、**自分の学力を客観的に把握し、必要な勉強を探す力となって、成績アップにつながっていく**のです。

客観的に見て「何を取り入れたほうがいいか」などのアドバイスをしながら、必要な学習計画を一緒に立てていきました。また、これはある時点で計画を立てるわけですから、**進み具合や成績によってどんどん見直し**もしました。時間が経過し学習が進むと、必要な内容も変わってきます。

計画を立て、実行しながら見直していく。入試までの道のりは、この繰り返しです。この**スケジュール管理は、親子で一緒に**進めましょう。

塾にいけば、塾の先生が子どもの成績や目標、学習進度に合わせた勉強のスケジュールを組んでくれます。これは塾にいく大きなメリットのひとつです。お金を払い、子どもの学習管理を任せます。

一方、塾なし受験を選ぶと、自分たちで成績を分析し、目標に合わせた対策とスケジュールを考えることになります。子どもの学力をきちんと把握しないと、対策はもちろん立てられません。そして、成績を上げるためにはここがミソだと思っています。

表面的な数値ではない、子どもの強い部分、足りない部分、伸ばせる部分など、学力の中身を分析することが、成績をアップさせるポイントです。これを塾任せにすることによって、表面の成績は知っていても、学力の中身を把握できていない状況が起こりうる可能性はあります。

受験勉強のスケジュール作成は一見、大変そうですが、一度計画を立てれば、進みながら修正や追加をしていくことになるので、それほど負担ではありませんでした。実は、このスケジュール作成を自分たちで行うことに、大きな意味があるのではないかと考えています。入試までの道のりを、誰かが考え敷いてくれたレール上を無意識に進むのではなく、自分で考えながら目標に向かって進んでいくこと、実はこの行為が、大きく合格につながっているのではないかと経験から感じています。

与えられた課題をこなすのではなく、「今なぜこの勉強をするのか」、受験生自身がその理由をわかっていることが大切。意識的に必要なことを自分で選びながら勉強していくことで、受験生はメキメキと力をつけていくのです。

スケジュールについてはもうひとつ。勉強の計画表とは別に、説明会や模試、願書関係など受験に関する大事な日程を、必ず家族で共有しましょう。抜け漏れを防げます。受験生本人がわかっていることが大前提ですが、夫婦で日程を確認し合うといいでしょう。コミュニケーションを密にとってください。

我が家では、毎週夫婦でスケジュール確認を行いました。例えば、夫婦どちらかが週末の説明会に出かける場合は、買い物や家事の分担もしておきました。リビングのカレンダーと私の手帳、Ｇｏｏｇｌｅカレンダーなど、何重にもスケジュールを書き入れました。こうすることで、うっかり忘れてしまうことを防げます。

中3受験生は忙しい。スケジュール管理は親子で。

❸受験は家族の一大プロジェクト、親子で「タスク&プロジェクト管理」

大きなゴールを描いて、受験までの時間を逆算しましょう。子どもが「第一志望合格」という目標にまっすぐ進めるように、家族でプロジェクトを立ち上げるのです。

ビジネスシーンで見られる、タスク&プロジェクト管理の進め方は、中学生には新鮮で、息子も興味深いようでした。スケジュールやＴｏＤｏリスト、具体的な数字などが目に見えてわかるやり方は、やる気をアップさせ、進め方が明確であればあるほど学力もアップしました。

私が提案したいことは、

受験を楽しめる家族になろう。

子どもにとっては終わるまで苦しいことが多い受験期。プランはしっかりと、でも、親子で一緒に楽しむようにプロジェクトを進行していくことが理想です。プレッシャーの中でも家庭の雰囲気は明るく、受験勉強にしっかり集中できる体制をつくって、本人が前向きに過ごせることが大切なのです。

高校受験のスケジュールは数パターンしかなく、どの受験生にとっても同じです。大きなポイントとなるのは、

★第一志望を公立（都立・県立など）にする　ｏｒ　私立・国立にする

★受験スタイルをどうするのか、推薦入試　ｏｒ　一般入試

受験は、大きくこの二つの組み合わせでしかありません。私立高校については、同エリアの学校は、受験日程が同日であることが多いので、自然と絞られていきます。第一志望を中心に、どの高校をどのようなかたちで受験するのかを決めていきます。

①受験校が決まれば、入試日＝Xデーに向けた対策を立てます。

まず、学校行事や定期テスト、模試、検定試験、高校の見学会や説明会、願書や書類関係など、子どもの受験に関わる全ての事を洗い出し、スケジュール表を作ります。入試日までの通過ポイントを明らかにするためです。81ページの勉強計画表を参考にしながら、始めてみてください。

②その通過ポイントに合わせて、勉強や行動の計画を立てます。

例えば、定期テストや検定前であれば、そのための勉強を入れなければなりません。模試があれば、見直し・解き直しなども必要です。また、中期的に強化したい単元などは、通過ポイントに関係なく、並行して進めていく、などです。

受験プロジェクトの最大の目標は、第一志望校合格ですが、その道のりで、克服すべき目標・タスクをどんどん考えていきます。このタスク&プロジェクト管理のよい点は、すべきことがはっきり目に見えること、なぜ今、それが必要なのかがわかること、そして小さな目標（タスク）をひとつずつクリアしていくと、子どもに達成感と自信が生まれることです。

教科別・中くらいの目標

【例】国語 ➡ 漢字強化、古文基礎力アップ
数学 ➡ 平面図形基礎～応用、関数の単元強化

【例】詳細な目標・タスク

●漢字ドリル1冊（□月まで）

●古文基礎○○参考書（×月まで）

●数学、図形の応用（次回模試まで）

さらに、週単位で、今週の勉強内容を決めました。

【例】今週のタスク

●英語長文読解　4ページ進める
●国語　漢字ドリル　×ページまで
●スタディサプリで数学・関数の勉強

といった具合です。

③途中、模試や定期テストで見えてくる実力に合わせ、細かい目標や対策を追加していく。
この繰り返しを行います。

大きな目標を設定して、逆算しながら、途中に中小の目標設定をして走っていきます。これは、

勉強計画表①

No	教科	教材	具体内容	11月 W1	11月 W2	11月 W3	11月 W4	12月 W1	12月 W2	12月 W3	12月 W4	12月 W5
学校イベント				◀三者面談	◀復習確認(11/11)	◀期末(11/19～20)			◀三者面談		◀三者面談	
模試、願書など							◀駿台模試(11/23)	◀私立模試(12/1)	◀自校作成模試(12/8)			
優先する学習				◀数図形		◀期末対策 ◀国読解		◀過去問 ◀英長文	━━	━━	━━	━━
1	国語	チャレンジ	セレクト5									
2	国語	チャレンジ	受験Challenge									
3	国語	参考書	シグマ									
4	国語	参考書	受験研究社									
5	国語	参考書	東京学参・特訓シリーズ									
6	国語	参考書	作文・小論文									
7	国語	参考書	漢字・語彙									
8	国語	勉サプ	受験対策									
9	数学	チャレンジ	セレクト5									
10	数学	チャレンジ	受験Challenge									
11	数学	参考書	シグマ									
12	数学	参考書	東京学参・特訓シリーズ									
13	数学	参考書	塾技									
14	数学	参考書	学研・最重要問題									
15	数学	参考書	1対1図形演習									
16	数学	参考書	図形の照明									

No	教科	教材	具体内容	1月 W1	1月 W2	1月 W3	1月 W4	2月 W1	2月 W2	2月 W3	2月 W4	3月 W1	3月 W2
学校イベント							◀都立推薦(1/26～27)		◀中央大附属(2/10) ◀本郷(2/11) ◀青学(2/12)	◀都立(2/25)			
模試、願書など					◀他県受験願書(1/8～24)		◀私立願書〆						
優先する学習				◀小論文 ━━	━━	━━	━━→			◀理社復習			
1	国語	チャレンジ	セレクト5										
2	国語	チャレンジ	受験Challenge										
3	国語	参考書	シグマ										
4	国語	参考書	受験研究社										
5	国語	参考書	東京学参・特訓シリーズ										
6	国語	参考書	作文・小論文										
7	国語	参考書	漢字・語彙										
8	国語	勉サプ	受験対策										
9	数学	チャレンジ	セレクト5										
10	数学	チャレンジ	受験Challenge										
11	数学	参考書	シグマ										
12	数学	参考書	東京学参・特訓シリーズ										
13	数学	参考書	塾技										
14	数学	参考書	学研・最重要問題										
15	数学	参考書	1対1図形演習										
16	数学	参考書	図形の照明										

受験生本人が、今自分が何をしているのか、どの場所にいるのか、はっきりとわかる方法です。

話は少しそれますが、私自身は、地方の県立高校出身者です。中学生当時、受験可能だったのは、学区内の県立高校と私立の2校だけ。結局、私立高校は受験しなかったので、実際に受験したのは1校だけでした。これは少し極端な例ですが、現在も大都市圏ではない地方では、まず高校の数が少なく選択肢はそう多くありません。一方東京は、私立高校となると180校ほどあるともいわれており、息子の受験時も、選択肢が多すぎる現状に驚きました。

受験生にとっては、贅沢な状況のように思えますが、「選択肢がたくさんある」ということは、選び出すのに時間がかかるということ。首都圏や大都市圏に住む受験生は、情報収集・情報精査から選択まで、対象となる学校が多ければ多いほど時間がかかります。早めに希望条件を絞り込んで、候補となる高校を洗い出しても、それらをひと通り調べようとするとかなりの時間を要します。

名前や世間的なイメージと実際の校風や学校生活が違っていることもあるでしょう。そのことを見極めるためにも、丁寧に学校選びをしていきましょう。これが、勉強時間以外にかかる大切で必要な時間となります。

受験を見据えて、中学1、2年時から学校訪問などを始める子もいます。息子は、最終的にトータルで、4校（都立1校、私立3校）を受験しましたが、候補になった学校を含めると、実際に足を運んだ学校は、中3の6月以降、全部で9校（都立3校、県外1校、私立5校）でした。

高校入試では、平均2、3校を受験する子が多いようですが、その2校に絞り込むには、少なくともその倍以上の学校を調べることになるでしょう。学校訪問の日程は重複することも多いですから、同日に二校重なった場合は、親子で分担するなどしました。

今思うと、もう少し早い時期、中2頃から少しずつ情報収集を始めておけばよかったなと思います。そうしておけば中3の夏以降、時間的にもっと余裕を持てたからです。学校を実際に訪問することは大切なので行くべきですが、勉強の時間が削られることになります。加えて説明会や模試が重なれば、本人は疲れます。疲れた状態では、受験勉強ははかどらず、体調不良の心配も出てきます。

見学できる学校は中1、中2のときに見ておき、参加可能なオンライン説明会などを済ませておけば、中3の1年間は時間にゆとりができます。特に本命でない検討校は、できるだけ中

3の夏までに情報収集を済ませて、秋以降にハードスケジュールになってしまうことは、経験上、できれば避けるほうがよいでしょう。

もうひとつ、志望校を早いうちに決めることにはメリットがあります。それは、入れる学校ではなく、入りたい学校に妥協せずチャレンジできることです。受験が近づいた時期に、偏差値ランクやガイドブックから、自分の学力に見合った学校を探すと、限られた学校しか選べません。学力だけでない、自分の夢や希望をかなえるために進路を選べるよう、情報収集については、少しでも早く動き始めましょう。後々時間にゆとりができ、何より、**目標をもつと子どもの学力は伸びます。**

大学受験をする高校生と違い、中学生はまだ両親や先生など大人のアドバイスを多く必要とします。学校の勉強と並行して、親子で一緒に、早い時期から情報収集を始めて準備することは、受験勉強を早く始めること以上にメリットがあるかもしれません。

時間に余裕があるときに、少しずつ情報収集を進めていきましょう。我が家は、中3になってから全て動きだした感があり、早くから情報収集に動いたわけではありませんでした。それでもなんとか間に合いましたが、とても忙しい中3の1年間を過ごすことになりました。その反省からおすすめしています。

目標とする高校（第一志望）を最終的にどのあたりにしたいかは、中3の夏休みに見えてくれば大丈夫です。すでに志望校が決まっている子どもはその高校を目標にし、まだ「このあたりかな」と目標は漠然としていても、もちろん問題はないでしょう。

息子がそうだったように、秋以降、入試直前まで伸びる子どもはたくさんいます。願書提出のギリギリまで悩んでいいのです。我が家の場合、受験校の最終決定時期は12月でしたから、実際そこまでは迷えたということです。

我が家で受験を意識し始めたのは、中2の2学期の終わり頃でした。といっても「3年生になる前に、おおよその志望校くらい考えておかないと」というレベルで、実際に受験に向けて大きく動きだしたわけではありません。息子はまだのんびりしていましたし、中2だとまだ同じような感覚のお子さんは、たくさんいるのではないでしょうか。

ただし、受験勉強を始めるのと進路を考えるのは別のことです。私は、受験すること以上に、息子がどんな高校生活を送りたいのか、そのことが大切だと考えていました。高校の、さらにその先につながっていく息子の将来にとって、人生の一選択となるわけですから。

そこで、中2の12月、初めて大手学習塾のオープン模試を受けました。これは、通塾していない息子の立ち位置や実力を親子で確認するために、私が提案しました。受験は結局のところ、同じ高校を受験するライバル集団の中で、合格ラインより上になればいいのですから、現状をまず知るための模試受験でした。

具体的に高校を決める最終リミットは、中3の12月に行われる三者面談です。塾なし受験を考えている受験生は、**中3になる前に一度、オープン模試に挑戦**してみてください。3年生になったときの動きがスムーズになります。

タスク&プロジェクト管理で具体的、明確に進める。

❹コミュニケーションは大切。家族で丁寧な話し合いを

子どもの進路の話は、家族にとって大きなテーマです。普段以上に、意識的にコミュニケーションをとりたいところですが、プレッシャーをかけすぎてしまうと、受験生に負担になることもあります。さじ加減は難しいですが、できるだけ普段通りに、でも**「大切なことは意識的にコミュニケーションをとる時期」**と割り切りましょう。

我が家では、もっぱら食事の時間を使って対話をしました。勉強や休息の時間をわざわざ削

ることはしたくなかったのと、例えば、ちょっと言いにくい成績のことも、楽しい雰囲気の中で話したかったからです。息子は時々卑屈になることがあったので、あらたまって話すより、リラックスしている時に伝えるほうが本人も前向きに捉えられるのではと考えました。

受験生の親として、**実は、真面目な話も、くだらない話も両方大切。**

家族だからこそ、何でも相談し合いましょう。親子も夫婦も、です。
そして、丁寧に話し合うことが大事です。

後々後悔しないように、家族だからたくさん話し合うほうがいいのかもしれません。私自身、言葉で説明することを省きがちで、うまくコミュニケーションがとれていないことがあります。「わかっているはず」とか「言わなくても伝わるだろう」という甘い考えは、いったん捨て去りましょう。たとえ家族でも、ささいなことだと思っても、口に出す、念のため確認してみる、これがとても大切です。

話したつもりでも伝わっていないことは意外と多く、とても驚きます。わかっているはず、は思い込みです。他人であれば、うまくコミュニケーションがとれなくても気にしないで過ごせるかもしれませんが、家族はそういきません。

特に、気がかりなことは何度も話しました。願書やスケジュール、提出書類など、受験に関する重要事項については、コミュニケーションをしっかりとって、互いに確認し合うことが鍵になるでしょう。

夫婦で子どもの進路について意見が違うという話を時々耳にします。恐らく、「親として我が子に行かせたい学校」が違うということなのでしょう。しかし、そもそも親が行かせたい学校を押しつけて選ばせることはやめてほしいと思います。意見が違うからと対立することは避け、両方の意見を選択肢として用意する程度にしておきましょう。先ほども述べましたが、結局のところ、子どもが納得して選んだ学校でない場合は、入学後に求めていた高校生活とイメージが違っていたり、自分に合わないと感じてしまう可能性が高まります。「親の意見に従ったからこうなった」と言い訳をして、立ちゆかなくなってしまうこともあるのです。

高校に通う**本人が一番納得できる選択を家族ですることが大切**です。

進路については、学校の先生や友だち、先輩など、他に相談できる相手がいるなら、身の回りにいる人たちの意見や考えを聞いてみるのもいいでしょう。自分のことを客観的に知る機会になります。進路の決定は、本人の夢や希望を大切にしながらも、周囲のアドバイスを取り入れ、本人が選択できる体制を整えてあげることが親の役割だと思います。

長く野球をやってきた息子にとって、甲子園を目指す高校野球が幼い頃からの夢でした。子どもたち一人ひとりが、どのような高校生活を送りたいか、勉強以外に何がしたいかは、進路決定にとって最も大切なことです。そして、どんな高校生になりたいか、その先にどんな生き方をしたいか、これらを引き出すのが、家族や周囲の人たちとのコミュニケーションだと思います。

ただし、息子のようにわかりやすい目的があって高校を選べる子ばかりではありません。部活や学校行事、校風、先輩の話、友人の誘いなど、いろいろなきっかけで高校を選んでよいのです。また、学校以外に趣味がある子は、自転車通学できるなど学校が近いことも大きな理由になります。息子の友人に、小学校からの親友同士で同じ高校を目指した仲の良い女子高生コンビがいます。目標に向かって二人で励まし合いながら受験を乗り越えたそうです。

ひとつ参考になるのが、高校の「進路実績」です。候補となる学校の進路実績は、確認しておくといいでしょう。将来の夢がまだ見えなくても、高校の先にどんな選択肢があるのか、国立・私立の大学進学率、専門学校や就職する割合など、卒業後の自分の道筋を確認しておくことも大切です。

我が家の志望校決めのテーマは、「野球も勉強も全力」の高校でした。勉強以外にやりたいこと、興味があること、チャレンジしたいこと、友人や先輩など、その高校が好きな理由は何でもいいのですが、受験生本人が、夢のある高校生活を描くことができればいいですね。逆に、受験偏差値だけを基準に学校を選んでしまうと、後々、後悔するかもしれません。**偏差値だけで学校を選ぶことはやめましょう。**

偏差値だけで決めない。志望校は、自分らしいテーマで探す！
家族のコミュニケーションは、塾なし受験突破の鍵に。

コラム③

学校の先生に聞いてみた②

中学校の先生によると「塾の先生が勧めるから」「親が言うから」と志望校を決めてしまう生徒がいるそうです。塾で受験のために勉強をしていると「背伸び受験」をする場合があります。その場合、「進学したい学校なのかどうか」という一番大切なことを見失いがちです。偏差値だけで受験校を選ぶことの弊害でしょう。

塾との進路相談では、自分が本当に行きたい学校とのギャップが生まれることもしばしば。塾のアドバイスを聞きながら、きちんと自己分析をすることが大切です。先生によると、背伸びをして入った高校で「こんなはずじゃなかった…」となってしまう生徒も。思い描いていた高校生活とは違っていて「楽しくない」事態に陥ってしまうようです。

進路を選ぶときは、絶対に「偏差値＋1（プラスワン）」の志望理由があったほうがいい。「なぜこの高校にいきたいのか？」と、必ず自分に問いかけてみましょう。「有名だから」「親が勧めるから」ではなく、「行事がすごい！」「将来の進路につながる」「先輩が楽しそう」など、自分の物差し・感覚で選択する理由が言えるかどうかがポイントです。

そして、志望校決めを塾に任せている保護者が少なからずいることに驚いていると先生は話されました。私も同感です。高校受験という子どもの大切な進路は、親子の関わり、コミュニケーションの中で決定したいと思うのは私だけでしょうか。

❺ 生活・健康のサポートは、親が出しゃばってよし!

親が受験生をサポートする上で、一番貢献できることといえば、生活・健康面のケアでしょう。サポーター愛の見せどころです。しっかり体調管理ができるように気配りしながら、気負わず入試当日まで見守ってあげましょう。

サポートの内容については、①食事、②睡眠、③リラックス方法、④スマートフォンとゲーム、の大きく4項目に分けて説明していきたいと思います。

サポートその① 食事

食事は、直接、受験に関係ないようで、実は、受験生の学習効果に大きくつながっています。健康に過ごすことが、受験を乗り切るために必須である以上、受験生もその家族も、食事をおろそかにはできません。受験生のいるご家庭の食事について、我が家で取り入れた方針や献立をお話ししようと思います。各ご家庭に合わせ、参考になりそうな部分を取り入れていただければと思います。

もともと食べることや料理が好きだった私たち夫婦にとって、受験生の食事についてあれこれと考えるのは楽しいことでした。献立を考えることも、気分転換に外食を楽しむことも、どちらも食事を通して息子の受験生活を支えられるため、喜びを感じていました。

そのような理由もあって、我が家では食事の時間を大切に過ごしました。入試が近づいてくると、本人はもちろん、家族も神経を使いピリピリしがちですが、ご飯の時間くらいは息抜きをして和めるように気をつけました。

個人差はあっても、中学生の場合、まだ体が大きくなる成長期の子どもが多いでしょう。普段とあまり変わらず、成長に必要な栄養素にプラス、一年を通して元気に過ごせるような食事作りを心がけました。一般的にいわれる「タンパク質をしっかりと、野菜たっぷりで好バランス、旬の素材を使う」食卓を、無理のない範囲で実践しました。

とはいえ、中3の秋~冬頃までは、外食で時々気分転換をし、作るのが大変な日は手抜きもしました。食事は日々の生活に組み込まれているため、頑張りすぎないようにすることも大切です。

ただし、食生活を含めた生活習慣が乱れると、子どもの学習に影響は出ます。互いに息が詰まらないようペース配分をしながら、子どもの体調管理ができるといいでしょう。

本格的に、食事作りが受験モード・臨戦態勢に入るのは、中3の冬から入試日直前まで。そして、入試当日のご飯です。それぞれの時期で、多少の違いはありますが、基本的に食事は全て、入試本番に向けた「健康管理」「サポート」「応援」の三点を目的に献立を考えました。受験生の食事ですから、単に栄養を摂るだけではなく、例えば、栄養素的に体や脳にいいとされる食材を利用することも考えました。

さらに、精神的な作用を期待し、心を満たす献立を取り入れ、家族で楽しく食事をしてリラックスできることを目指しました。

これらの目的を具体的に説明すると、

①「健康管理」と②「サポート」

●風邪をひかせない　➡　受験勉強のため・入試本番のため

●脳や神経によい　⬇　受験勉強のため
●消化によい　⬇　受験勉強のため
●おなかを壊させない　⬇　入試本番のため

③「応援」
●好きな献立　⬇　親の思いを伝える手段・子どものテンションアップ

といった具合です。我が家では、夫婦で食事の献立作成をプロジェクトにしました。仕事をしながら、バランスのよい食事を作ることは、計画と段取りが必要不可欠です。

受験シーズンは、風邪やインフルエンザの心配な時期と重なるため、とても神経質になります。睡眠時間も少なくなりがちであれば、なおさら免疫力をアップして病気を予防することは心がけたいポイントかもしれません。　⬇　①・②

また、消化にいい食事は、勉強をする上では必要です。おなかがいっぱいで苦しいと、勉強に集中ができません。また、眠気にも襲われます。受験が近づき、本人が勉強に集中したいと考えている時期は、特に、消化のいい献立を考えました。➡①・②

もしも、入試当日におなかを壊してしまったら、元も子もありません。緊張やストレスから、下痢になってしまう可能性もあります。何が起こるかはわかりませんが、できるだけ、不安要素は取り除いて、当日、試験に挑めるようにしてあげたいと考えるのが親心です。

私自身、普段は、「なんとかなる」の精神でいますが、万が一はあってはならないと、入試日直前や前日の献立は、「おなかを壊させない」ことが親の使命と強く思い、細心の注意を払いました。

生ものはもちろん、脂っこいメニューやあくの強いもの、消化の悪いものは避けます。食事の際も、おかずの取り分けには菜箸を使うなど、食事中の衛生面にも注意しました。➡①・②

好きな献立が食卓に上がると、息子はとても喜んでいました。勉強の合間においしく、楽しい時間を過ごせることは、それだけで受験生にとって息抜きになります。ごちそうばかりで胃がもたれてしまうのは避けたいですが、子どもの好きな献立を囲んで家族で食事を楽しむことも、受験勉強の支え・応援になるのではないでしょうか。親がさりげなく送ることのできる、シンプルな応援メッセージにもなります。

⬇ ③

特に、入試直前の追い込み時期は、勉強ばかりで息抜きをすることが難しく、時間的な余裕も少ないため、食事の時間を気分転換にあてることは一石二鳥です。また、食卓に息子の好きな献立を意識的に取り入れたことが、実は、一番よかったのかもしれません。「応援しているよ」というメッセージが伝わり、本人の気持ちも上がるようでした。

受験生は、息抜きや楽しみに使える時間が限られるため、食事自体を楽しめるように意識してあげることが、結果として、大きなサポートになったのではと考えています。

勉強する時間はどれだけあってもいいものですが、食事の時間を大きく削ったりするのではなく、必要な栄養を摂取しながら家族で会話と食事を楽しんで、いつも通りリラックスさせてあげましょう。結果として、受験生にとってプラスに働くのではないでしょうか。

ただし、1分1秒が大切な受験直前は、

だらだらせず、パパッと食べられる消化のいい献立。

これがベストです。応援する気持ちを込めて、入試直前は、1分1秒を大切に早く食べられる消化のいい献立にしました。この時期、ひき肉料理は大変活躍しました。バランスよく栄養がとれ、消化にいいです。なおかつ、調理が簡単で火も通りやすい。

忙しい日の時短料理や、評判がよかった献立など、我が家で活躍した受験生向けのおすすめメニューは、次のページからのコラムにて紹介しています。

コラム④

筆者が実践した入試直前の勝負飯！

入試日まで1カ月を切る頃になると、息子は食事もサッと済ませ、すぐ2階の自室に上がっていきました。時間が惜しかったのでしょう。体調管理のため、睡眠はきちんと取らせるようにしていたので、食事の時間が長くならないように気をつけました。

直前の勝負飯には必ず守りたいポイントがあります。

〇消化のいいメニュー

×生もの、脂っこいメニュー

おなかを壊す可能性がある生ものなどの食材を避けることは当たり前ですが、

脂っこいメニューはやめて、できるだけ消化のいい献立にしましょう。そうすることで、食後もしっかり脳が働いて、勉強しやすい環境をつくってあげられます。さらにプラスしたい要素は、手早く食べられて食事に時間がかからないこと、気持ちが上がる好物メニューを入れることです。

これらの要素を満たし、我が家でよく活用したのは「ひき肉料理」でした。ひき肉料理は手早く作れ、作る側の時短にもなる万能メニューです。献立を紹介しますので、もし応援メニューに迷ったら、参考にしてみてください。

◆野菜たっぷりキーマカレー

①フードプロセッサーで野菜（タマネギ、ニンジン、ピーマン、セロリなど）を粗みじん切りする。

②フランパンでひき肉を炒め、塩こしょうをする。続いて、野菜を加えて炒める。

③水、トマトの水煮缶を加えて沸騰したら、あくを取り、

中火にして5分ほど煮込む。
④ルーを2〜3かけ割り入れて溶かし、とろみが出たら完成。

赤身が多く脂の少ないひき肉を使うとグッド！

フライパンだけででき、煮込む時間も短いため、あっという間に完成します。ワンプレートでもバランスのよいメニューですが、副菜にサラダやヨーグルトをつけてもいいですね。

◆肉団子のスープ
①ボウルにひき肉（鶏か豚）、卵、塩、こしょう、酒、片栗粉を入れ、粘りがでるまで混ぜ合わせる。
②鍋のスープで、根菜など火の通りにくい野菜があれば順に茹で始める。
③スプーンで団子を作り、スープに落としていく。

④団子と野菜に火が通り、塩で味を決めたら出来上がり。

寒い季節、温かいスープは、体を温めおなかにも優しい栄養満点の一品です。冬場は献立によく取り入れました。コンソメ味の洋風スープや鶏ガラスープ、和風だしのスープなど、肉と野菜、だしを変えればスープメニューのレパートリーが増えます。ひと皿でお肉と野菜がとれるため、栄養バランスも良く、食事の時間もかかりません。入試日が近づく時期には、取り入れたい献立です。

◆キャベツで作るミートソーススパゲッティ

①キャベツを粗みじん切りにする。
②合い挽き肉を色が変わるまで炒め、キャベツも加え炒める。
③トマトの水煮缶を加えて、つぶしながら煮込む。
④塩、こしょう、コンソメ、ケチャップ、ソースなどで味を決める。（※ビーフシチューのルーの残りがあれ

ば1かけ投入しても)

⑤茹でたパスタにソースを絡めて、粉チーズをかける。

ミートソースはタマネギではなく、キャベツで作るともたれない、あっさりとしたおいしさになります。多めに作って翌日以降、ミートドリアやグラタンなどに変身させていました。

ひき肉料理は作る側にとっても時短メニュー。我が家では受験の一年を通して、特に入試直前は多用しました。元々ハンバーグや麻婆豆腐などのひき肉料理は、子どもたちの好物だったことに加え、食事にあまり時間をかけたくない入試直前は、栄養バランスのいいワンプレートメニューを心がけ、短時間で食べられるよう工夫をしました。

「食事で受験を応援!」することを楽しみながら、日々の食事作りを乗り切りましょう。

サポートその② 睡眠

受験生が体調よく過ごすために必要とする睡眠時間には、個人差があります。また、勉強がはかどる時間帯も、個人差があるように思います。夜中に集中できるタイプの子どももいれば、日中にある程度勉強すれば、夜は眠くてはかどらない子もいるでしょう。

たしかに、規則正しく過ごすことは大切だと思いますが、まずは本人が、気分が乗る、集中できる時間帯を使って、勉強をドンドン進めていくほうがいいと考えています。

もし、夜中に勉強に集中できる子どもであれば、親は、できるだけ体調管理をサポートしてあげましょう。何より、子どものやる気を引っ張り出し、やる気をそがないことが大切です。

ただし、**勉強の時間帯を自由に設定するのは中3の年末あたりまで**、としておきましょう。

というのも、入学試験は、早い学校では午前8時頃にスタートします。脳が活発に動きだすには、起床から3時間前後が必要といわれます。このため、夜中の静かな時間帯に勉強がはかどるタイプの子どもも、どこかのタイミングで朝型の勉強スタイルに切り替えることをおすすめします。試験で、100％に近い実力を発揮するためには、大切な対策のひとつです。夜型の子どもはその生活を入試日まで続けると、午前中の時間は頭がぼーっとしてしまうでしょう。

試験は、3教科であれば、午前中にほとんど終わりますし、都立の入試など5教科の場合も、午前中に3教科、昼食をはさんで2教科（理科・社会）です。

息子は、午前0時過ぎくらいまでは起きて勉強していました。それ以降は、眠くて難しかったようですが、集中できるのであればと、2学期いっぱいは、本人の時間管理で勉強させていました。

休暇に入った中3の冬休みに、親子で話し合い、意識的に朝型の勉強スタイルにシフトしました。夜遅くまで勉強したい日もあったと思いますが、あまり夜更かしをせずに、できるだけ、朝早起きをして勉強するようなスタイルに変えました。午前中に行われる入試で力を発揮するためです。

冬期講習に通う場合は、自然と朝型になります。**冬休みは、自宅学習の受験生にとっても朝**

型に変更するチャンスです。入試日までに規則正しく、午前中は脳が活発に働く習慣をつけることが大切です。

サポートその③　リラックス方法

本人の好きなことを勉強の合間にさせるのは、受験勉強を乗り切る上で、とても大切なことだと思います。定期テストと違い、受験は長いスパンで、遠くの目標を見ながら勉強を続けていかなければなりません。息抜き、リラックスを上手にできる子は、勉強にも集中でき、学習効率がいいです。そのため、気分転換が上手にできる・できないは、合格に近づく必要な要素だと考えます。

勉強は、だらだらと長時間やればいいというものではありません。座っている時間が、そのまま比例して成績アップにつながるわけではないからです。ラストスパートの時期は別として、だらだらして集中力が切れているなと感じたときは、気分転換をさせることをおすすめします。

●友達と野球をする

●お笑い番組を見る
●音楽を聴く
●バットの素振りやキャッチボールをする
●家族で食事する
●オンラインゲームで友達と対戦する

これらは息子が行っていた気分転換です。自分でメリハリをつけられる場合は、口うるさく言わないで本人に任せたので、休憩中は好きなことをしていました。実際、中3の秋頃になっても、息子は友人と公園でキャッチボールをし、河川敷で野球をすることもありました。

ただし、スポーツ推薦などで進学が決まっている子や、第一志望校を単願推薦で受験する子とは、同じ中3でも状況が全く違うこと、同じような感覚で時間を過ごしてしまうと後で後悔するかもしれないことをきちんと話しました。

学校では同じ中学生活を送りながら、それぞれ違うスタイルで受験するのですから、周りにながされてしまわないように気をつけましょう。軌道修正をするために、時々親が子どもの手綱を引く必要はあるように思います。

相手がいる場合や、長時間になりそうな気分転換は、必ず、何時までと時間を決めさせていました。子どもの進路や将来を考えて、ついついガミガミ言いたくなりますが、そうなってしまわないよう、冷静に対応することを日頃から心がけました。親が感情的になって、受験生のやる気をそいでしまうのは、絶対に避けなければなりません。

そして「時間は限られていて大切だ」ということを忘れてしまわないように、声がけをしました。結局のところ、**勉強に集中するためのリラックス時間**なので、不快な思いをさせてしまうのは本末転倒なのです。

中3の2学期後半にもなれば、自分で上手に時間を使うようになってきましたが、例えば、朝の支度が終わって出かける前に時間ができたときなど、ちょっとした待ち時間や隙間時間を使えそうなときは、声をかけました。英単語や漢字などを覚える5分の積み重ねは意外と大きいです。本人は気がつかないこともあったので、うまく誘導しました。子どもの様子を見て、**自主性を尊重しながらも、本人に気づかせる上手な声がけ**というのは必要だと感じます。

入試日までの限られた時間を有効に使えるかどうか、これもまた、合格を左右する受験力です。

サポートその④　スマートフォンとゲーム

スマートフォンは、現代人の必須アイテムになりました。東京都の調査によると、都内在住の79・8％の中学生がスマホを所有しています。大人の世界同様、子どもの世界でもスマホは欠かせないアイテムになっていますね。

便利な道具である以上に、ＳＮＳやオンライン

青少年スマートフォン所有率（2021年）

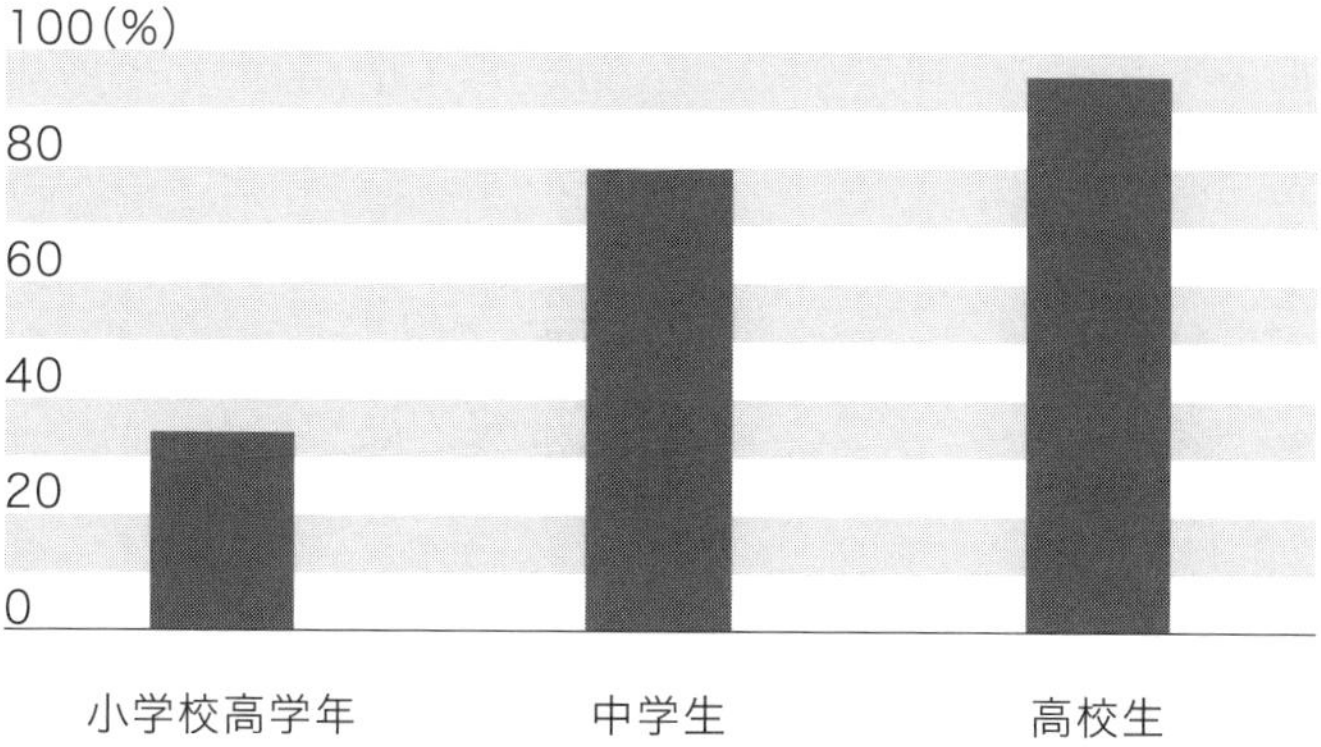

ゲームに関するトラブルの増加や、長時間の利用で勉強や生活、健康に支障が出ていることもすでに明白です。ただ、我が家もそうでしたが、防犯や連絡のために持たせているご家庭も多いと思います。親が与えているものですから、なおさら私たちは防波堤となり、しっかり管理すべきだと思います。

受験生は入試までの限られた時間、その使い方を考えなければなりません。SNSやゲームに費やせる時間は多くはない、もったいないと、子ども自身が律することができるようになればいいですが、実際にはとても難しい課題です。そこで、我が家は、受験期間に約束事（ルール）を設けました。

約束事（※我が家の場合）

- 受験が終わるまで、SNSは使用しません
- オンラインゲームは自己申告の二つだけ、時間を決めて

文科省が2020年に公表した「学校における携帯電話の取扱い等に関する調査について（概要）」では、公立中学校の98・7％が携帯電話の持ち込みを原則禁止にしています。これは、

スマホが学校での教育活動に直接必要のないものであることを意味し、さらに、盗難や破損、授業の妨げ、ネットいじめや盗撮など、持ち込むことで生じる問題が懸念されるためです。

我が家ではLINEなどの通信アプリやSNSは、入試が終わるまで使わせませんでした。クラスのLINEグループがあったようでしたが、携帯電話の持ち込みができない学校生活に、実はスマホもSNSも必要ありません。息子は、親しい友人とはショートメールで連絡をとっていました。それでも問題なかったと思います。必要な連絡を取る手段として与えていたので、受験勉強の期間が終わるまでは家族とも、電話やショートメールで連絡をとり合いました。

先ほどの「スマホ所有率グラフ」を参考にすると、スマホを所有している8割近くの中学生のうち「LINEやSNSをやっていない」子どもは少ないでしょう。無理にやらせないという選択は強引な場合もあります。ただ息子の場合、当時LINEやSNSを使わなかったことは、時々起こった友人同士のトラブルに巻き込まれない防波堤になっていたように感じていました。

我が家のルールは一般的に見れば厳しかったかもしれませんが、例えば、次のようなルールについて子どもと話し合ってみてはいかがでしょうか。

●勉強するときは、部屋に持ち込まない
●勉強中は手元に置かない、通知音をオフにする
●SNSやゲームに使える時間は、親と一緒に決めて守る
●スクリーンタイムを活用する

「みんなが持っている」「みんながやっている」といった同調主義的な理由で、物事を採用することは、我が家ではほとんどありません。みんながどうではなく、「自分がどうなのか」を考えることが大切だからです。みんなと同じことが必ず正しいというわけではないこと、なぜ必要なのかを自分でしっかり考えることなど、物事を自分で考え判断することは、生きていく上で必要なプロセスです。これはとても重要なことで、時にその答えが多数派でなくても、たったひとりの考えであったとしても、自考しながら生きていくことが人生には大切な要素であると

考えています。

時間の惜しい中3の受験生にとって、SNSは必ずしも必要なものではありません。また通信アプリは友人と連絡をとる上で多少メリットはあったとしても、毎日学校で会っている中学生同士。縛られるデメリットもあるように思います。受験生であってもそれらを使いたい子どもが勉強に集中するためには、**勉強部屋に持ち込まない、勉強中は必ず通知音をオフにする**などの対策が必要でしょう。

話し合いをした上で、私たちの言い分に納得して息子はスマホを持ち、約束を守りながら使っていました。親として「子どもになぜスマホを持たせるのか」を考えたときに、目的から外れ、なし崩し的に自由に使わせることには、あまり賛同できません。そのため我が家では、先ほどの二つの約束はきちんと守って使わせていました。

余談ですが、IT企業のトップたちは、自分の子どものスマホの使用には慎重だといいます。ビル・ゲイツは、子どもが14歳になるまでスマホは与えなかったそうです。アップル創業者のスティーブ・ジョブズも、子どもが使うｉＰａｄは、スクリーンタイムで厳しく制限していたといいます。その魅力を熟知しているからこそ、ＳＮＳやゲームが、子どもたち（特に脳）に与える影響は計り知れないと考えているのです。

特に、ゲームについては中毒性がありますから、強い意志がないと自らやめにくいものです。息子も切り上げられるときもあれば、だらだらやっていることもありました。「今、何をすべきか」、大切なことに自分で優先順位をつけられない状態は危険だということです。自分で切り上げられない場合、このときだけはまだ中学生と子ども扱いをして、強く言い聞かせました。

気分転換以上に時間を使ってしまっては、受験生には有害でしかありません。スマホやゲーム機は保護者が与えているものですから、親の管理のもとで楽しむものと理解させ、そこは厳しく対応することが賢明です。小中学生のトラブルには、ＳＮＳやゲームに端を発するものも少なくありません。このことは、時間を浪費するだけでなく、本人がトラブルや悩みを抱える可能性が高くなることを意味します。相手あってのことですから、なおさら、自分の思い通りにはいかないでしょう。

スマホを気にせず、雑音・騒音のない環境で勉強するほうが、絶対に集中できます。通信アプリは、頻繁に通知が届きます。**予防策は、勉強部屋にスマホを持ち込まないこと**です。部屋にあると気になってつい手が伸びてしまうでしょう。スマホを近くに置いておくだけで集中力が落ちたという実験データもあるようです。受験期間中は、メッセージが頻繁に来る通信アプリは思い切って使わせない、というのもひとつの方法です。受験が無事に終われば解禁する、でよいのですから。

休憩中のゲームをそろそろ切り上げさせせ

たいときに心がけたのは、「やめなさい」とはできるだけ言わないことでした。「あと5分？」や「もう30分たつね」などと言って、自分から切り上げるように促しました。それでもだめなら最後は「それでいいと思うなら、ずっとやっていたら」と突き放すと、絶対にやめました。

残念ながら今の子どもたちは、スマホやゲームのない世界で生きていくことはできません。「やるな」とまでは言わなくても、自分でコントロールできない状態は危険だと教えること、今、何をすべきか自分で考えること、自分からやめない場合は、毅然とした態度でやめさせるなど、親の強い姿勢が必要です。なぜならスマホは、親が与えているものですから。

スマホの使い方について特に受験生の場合、親のコントロールが必要な場面は多いでしょう。受験生の時間は限られますが、気分転換以上に、ＳＮＳやゲームは度が過ぎて時間を食います。使い方については、各家庭の方針があると思いますので、そのルールに則《のっと》ってきちんと管理されるとよいと思います。

ちなみに受験が終わった後すぐ、息子のＬＩＮＥは解禁となりました。中学時代の友人をはじめ、今は多くの友達とつながっています。

生活面のケアはしっかりと、親は出しゃばってよし。

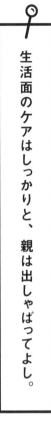

コラム⑤

成績アップは親の言葉がけ次第!?

休憩時間がダラダラと長くなって勉強を始めないとき、「ゲームやめて勉強しなさい！」と強要してしまったら、「ウザッ」と返ってくるか、ムスッとふてくされて部屋に戻るか。思春期中学生のあるあるですね。

受験生の気分転換は大切ですから、気分を不快にさせずうまく対処したいところ。感情任せにせず言葉をきちんと選んで、自発的に勉強に戻るように促してみましょう。

例えば、

「次、何を勉強するの？」（頭を勉強モードに誘導）

「何時まで休憩する?」（質問を投げて気づかせ、終わる時間を決めさせる）
「あっ、もう○時過ぎたよ」（優しくお知らせ）
「あと5分くらいで切り上げたら?」（優しく提案）
カウントダウンをする「30秒前、29、28、27……」（和《なご》むのも狙い）
など、これらの言葉がけを組み合わせて使っていました。

実際にこのような言い方をすると、ほぼ切り上げて「やるか」といい返事がきました。

それでもダメな場合の最終兵器は、
「自分がいいと思うなら、ずっとゲームやっていいよ」（突き放す）

日々、この繰り返し。勉強は言われて渋々やるのと自発的にやるのとでは大違いです。叱ってばかりではこちらも気がめいりますよね。私たち親の役割は、前向きに勉強する環境を整えてあげることです。

できるだけ互いに嫌な思いをしないよう、言葉選びに意識や工夫が大切。楽しみながら効果的に受験勉強をサポートするために、我が子への明るい「キラーワード」や、優しく誘導できる言葉がけをぜひ探してみてください。

基礎知識編

第3章

高校受験の基礎知識

高校受験を塾任せにしないと決めたならば、受験についての基本的な情報は、親子でしっかりと理解・整理・共有をしておく必要があります。受験生が不安に思うことのひとつに、受験に対する親の知識不足があるといわれます。塾任せにしてしまうと、本来は親として知っておくべきことも丸投げしている可能性がありますよね。受験する本人は、勉強以外の不安要素は取り除いておきたいでしょう。受験をサポートする親として、最低限の受験知識は得ておくほうがいいでしょう。

受験情報を親子で共有することは、子どもに安心感を与え、励ますことにもつながります。何より、受験という大きな目標に向かって、一緒に闘う気持ちが互いに強まりますね。

塾に通っていれば、手厚いサポートで塾がお膳立てをしてくれる部分ですが、家庭内でも同様にポイントをしっかり押さえておけばよいのです。受験までの流れを理解し、慌てることのないようにしましょう。受験生の親とはいえ、仕事に家事に忙しい毎日です。学校への連絡や説明会などの申し込み、願書作成などの書類関係は、親の役割が大きくなります。私自身、受験生になったつもりで流れを理解し、大切なポイントをうっかり忘れることがないように、注意深く取り組みました。

この章では、理解しておくべき「高校入試・基本の基」を、中学校サイドと高校サイドに分けて列挙しています。これらはあくまでも一例であり、息子の通った公立中学と、受験の際に関わった複数の高校を参考に書いています。各ご家庭で、入試に向けたスケジュールを立てる際などに、参考にしていただければと思います。

※以降、この章では、推薦に基づく選抜を「推薦入試」、学力検査に基づく選抜（第一次募集・分割前期募集）を「一般入試」と表現しています。

❶ 入試用語の解説

まずは、基本的な入試用語について簡単に説明しておきましょう。

推薦入試

主に中学校から推薦されて受験する入試。中学校長の推薦書が必要で、①単願推薦と②併願推薦があります。中学校の推薦書がいらない③自己推薦もあります。内申点による推薦基準が設定されています。

①単願推薦

中学校から推薦されて合格すれば、その高校に入学することを約束して受験します。合格すれば、他校を受験することはできません。

②併願推薦

併願推薦は、「千葉県や埼玉県、東京都の一部の私立高校の入試制度」のひとつ。

内申点が、各高校が定める基準に達していれば、推薦合格をもらえます。併願推薦は、合格をもらって他の高校も受験することが可能です。主に公立高校が第一志望の受験生が、滑り止めとして私立高校を確保することが多いようです。

一般入試

当日の学力試験の結果を重視する入試。学力検査と調査書を中心に合否が判定されます。①単願優遇、②併願優遇、③フリー受験の3種類があります。

都道府県立高校は5科目（国数英理社）、私立高校は3科目（国数英）受験が主流。学校・学科により、学力検査の他に、面接や実技検査が実施される学校もあります。合否判定で、学力検査の結果と調査書、その他をどう扱うかは、都道府県、高校・学科によって異なります。

単願優遇・第一志望優遇

私立の一般入試受験の場合で、合格すればその高校に入学することを条件として、優遇措置を受けられる制度。内申基準は、併願優遇に比べて低く設定されています。

併願優遇・第二志望優遇

一般入試で、第一志望が他校で不合格だった場合には、必ずその第二志望校に入学することを条件に、入試の得点に加点するなどのかたちで優遇される制度。内申基準は、単願優遇より高めに設定されています。第一志望校を都立・公立に限定する場合が多い。

偏差値

成績を測るための物差し。テストの平均点を50とし、受験者が全体の中でどの位置にいるかを示す数値です。平均点からどれだけ高いか低いかで見るため、問題の難易度に左右されません。

偏差値を見れば、受験者全体の中で自分がどのあたりにいるのかがわかります。受験する生徒の学力が高い模試の場合は、一般的な偏差値よりも低い偏差値となります。

傾斜配点

合否判定の際に、特定の教科の評定を重視して点数化すること。各学校が重視する教科に傾斜配点を実施する場合が多い。例えば、数学は200点満点、他は100点満点にする、などがあります。

延納制度

私立高校における入学手続きの際、公立高校の合格発表まで入学金や学費の納入を待ってもらえる制度。出願時に申し込みます。先に私立高に合格すると、入学金や学費の一部を期限までに納入しなければ、入学辞退と見なされてしまいます。延納制度・返還制度がある場合、公立が第一志望で受験を後に控えていても、進学するほうだけに納めることができるため、金銭負担の軽減になります。

延納・返還制度の有無や納入期限、手続きなどは、各高校によって異なるので、出願時に確認が必要です。

自校作成問題

都立高校は、全ての学校が入試で共通問題を使うわけではありません。一部は共通問題ではなく、よりハイレベルな自校作成問題を、それぞれの学校で作成しています。

自校作成問題は、国語、数学、英語の3科目。社会と理科は、全校が共通問題を用います。

7校ある進学指導重点校（日比谷・西・国立・八王子東・戸山・青山・立川）は、すべて自校作成問題で入試を行っています。

❷「塾なし受験」、押さえておくべきポイント【中学校サイド】

中学校生活で、高校受験に関係する理解しておくべきポイントは、

①定期テスト
②内申点
③入試時期と願書
④三者面談（志望校決定）
⑤面接・集団討論

これらのポイントは、必ず押さえておきましょう。

①『定期テスト』

中学校では、中間、期末、学年末テストという定期テストが、年間4～5回行われます。中学校の成績評価は、提出物や授業態度、意欲など、複合的に評価されますが、定期テストの得点が大きく占めていることは間違いありません。

では、高校受験にとって、定期テストがなぜ大切なのか？

答えは、**受験に大きく影響している**からです。

具体的な理由は、次の二つ。

▼高校入試では、「推薦入試」、「一般入試」ともに、内申点を使うため、定期テストにしっかり取り組むことは内申点の獲得につながる。（※内申点については続く②で説明）

▼高校受験の合格は、学校での勉強の延長線上にしかない。

定期テストは学力の定着度を測るものであり、学校は、単元や学習内容の理解度をテストごとに把握しています。定期テストのたびに、勉強をしっかりして内容を理解していくことで、学力がコツコツと積み上がり、受験直前の短期間に、今までの学習内容を勉強し直すことを避けられます。

年4～5回の定期テストを目標に設定し、勉強を積み重ねることは、実は、**中学3年の最後のテスト＝入試につながっている**、ということ。すなわち、最終目標である志望校合格につながるのです。

息子の場合、定期テストに対してしっかり取り組んだのは中2の1学期の期末テストからと少し遅かったのですが、以降は、学校の定期テストを大切に考え、丁寧に対策をしました。そのことが結果、階段を上っていくように合格につながったのだと思います。

例えば、開成や早慶など私立の最難関といわれる高校は、入試問題が幅広く、中学の学習範囲外の問題も目にします。そのため、定期テスト対策が合格につながるとは言い切れません。しかし、東京の都立共通入試や自校作成問題、その他の私立高校を目指す子どもは、まず、定期テストに合わせて学習の習慣を身につけ、目に見えるかたちで学校の成績アップを狙いましょう。定期テストの対策をしながら、中学の学習範囲の積み上げをしていくことが、やはり高校受験に確実につながっていくのです。

定期テストを頑張った結果、例えば、通知表の英語が「3→4」になるなど、学校の評定（成績）が良くなった場合、結果として内申点が上がるので、推薦・一般入試ともに受験生にはメリットになります。一般入試に限れば、私立高校はそれぞれ内申点の扱いは異なりますが、都立・県立を目指す受験生にとっては、当日の入試問題の結果に内申点が加算されるので、中学校での定期テストが合格のポイントにもなりうる、といえるでしょう。

次は、その内申点について、もう少し詳しく見ていきましょう。

②『内申点』

内申点とは、簡単に言えば、通知表の評定の数字です。公立中学校の場合、一部を除きますが、教科ごとに5段階評価でつけられています。3年生にもなれば、保護者の間で「うちの子は内申が……」などと話題になることも多いですね。受験と内申点は、密接な関係があります。

推薦入試における内申点の扱い方

例えば、私立高校の推薦入試は、内申点がいわゆる「受験するための整理券」のような役割を果たしています。これがないと受験できない、というわけです。実際に、多くの私立高が推薦に基づく入学選抜を実施しています。各学校が定めた成績基準、すなわち出願資格を「内申点合計○○以上」や「9科に2がないこと」などとしている高校が多いのです。よって、内申点が基準に届いていない、基準を満たしていない場合は、受験することができないということになります。

例：青山学院高等部・推薦入試出願資格

●3年2学期の9教科の評定が次の条件を満たしていること。
●5段階評定の評定合計が男子38以上、女子41以上の者。
●5段階評定で各教科「2」以下の評定がない者。
●3年次の欠席日数が5日以内で、1年次から3年次までの欠席日数の合計が15日以内であること。

この他、合格後に入学を確約できることや保護者のもとから通学可能など、出願時に全ての条件を満たしていなければなりません。

希望する私立高校への推薦入学を考えている生徒は、定期テストや課題など、中学校での学業を丁寧に積み重ねて、しっかり内申点をとれるように準備しておくことが必要です。

加点制度について

私立高校については、学校によって内申点に独自の加点制度があるため、内申点が低い場合でも、あきらめずに推薦入試にチャレンジできる場合があります。

例えば、加点対象として取り入れている学校が多い項目は、

- 英検・漢検・数検3級以上など
- 3年間皆勤
- 生徒会長、部活動部長などの経験

●親や兄弟姉妹が卒業生、または在校生

などです。

もし内申点が不足している場合も、これらの項目を満たしていれば内申に加点され、基準を満たせる可能性があります。よって、内申基準に達していないときもあきらめず、ぜひこの加点制度を利用してみましょう。特に、各検定受検は時期が決まっています。志望校にどんな加点制度があるのか、早めに調べておくといいでしょう。最近は、校内で、英検や漢検を受験できる公立中学校が増えています。これも受験対策の一環でしょう。

校内受験が可能だったこともあり、息子は、中3の1学期に英検準2級と漢検3級を取得しました。もともと本人は、検定には興味なく過ごしていましたが、3年になりクラスを見渡すと、受験する生徒がちらほらいたので、自分も受験してみようと考えたようです。特に、加点制度を利用したわけではありませんが、受験校がまだ不確定だったことに加え、英語も漢字も力試しになると考えて受験しました。

都立高校の推薦入試

都立高校の推薦入試には、内申基準はありません。ただし、中学校側に内申の目安があるため、あまりに内申点が足りない場合は、推薦することが難しい場合があるかもしれません。

推薦入試は、中学校がその生徒を高校に推薦するかたちで受験させます。校長の推薦書をもって受験するため、中学校側は、推薦するにふさわしい生徒かどうかを判断することになります。

推薦入試を受験する場合、基準の内申点に達していることはもちろんマストですが、その高校に合格すれば入学することを約束して受験します。そのため、子どもを中心に、家族・学校の両方でしっかりと話し合うことが大切でしょう。

一般入試における内申点の扱い方

私立高校の一般入試では、各校によって内申点（調査書）の扱いは異なります。

例：【青山学院高等部】

内申点は、1年から3年まですべて記入して調査書を作成。
一般選抜は、筆記試験・書類審査によって行われる。中学3年2学期の内申点を加味しているが、その割合は非公表。

例：【中央大学附属高校】
都道府県立高校へ提出する調査書と同一内容で作成。
合否基準は、3科目の合計点と調査書の記載を基に、総合的に判断。入試当日の学力検査重視。

このように、私立高校の一般入試では、学校によって調査書の扱いが異なります。調査書の内申点を、学力検査の得点に加算しない学校、参考程度の学校もあり、その場合は本当に、当日の試験一発勝負になるというわけです。

一方、東京都立などの公立高校では、一般入試は学力検査重視とはいえ、学力検査の点数に内申点が加算され「総合得点」として合否判定をします。
当日の試験は一発勝負ですから、万が一思ったように得点できないこともあるかもしれません。

そのときのために、ライバルと比べて少しでも高い内申点があれば、カバーできる可能性が高まります。後々のことを考えると、内申点はしっかりと、とれるだけとっておきたいところです。

例：【都立高など公立高校】

東京都立高校の一般入試では、学力検査と調査書の点数を合計した総合得点順に選抜され、合格が決まります。全日制課程の場合、学力検査点700点と、調査書点300点で、総合得点1000点満点です。学力検査と調査書の比率は、原則として7対3で、さらに、面接や作文などを実施して総合得点に加え、成績順に選抜する学校もあります。

都立高校が、合否判定に加算する調査書点とは何でしょうか。

▼都立の場合、3年時の9科の評定を使用し、調査書点を算出します。入試科目である5教科はそのまま積算し、実技4教科は2倍にします。

▼出願には、学校からもらう調査書を願書と一緒に提出します。

東京の都立高校を目指すなら、定期テストは合格のポイントになると言っても過言ではないでしょう。

息子は、1年時の成績に比べると3年の2学期は、9教科の合計を「8」上げることができました。都立高校の場合、3年の1~2学期の9教科の評定が、内申点となって加算されます。特に、音楽、保健体育、技術家庭、美術の実技4教科は、5段階評定を2倍にして計算します。となると、5教科以外も手を抜かない姿勢が、都立を目指す受験生にとってはより大切になってきます。

普段から実技科目にもきちんと取り組みましょう。当たり前のことですが、学校にとって、5教科以外の科目に対しても真剣に取り組む生徒は好印象です。

『内申点があってよかった』

これは息子の感想です。息子は、都立入試の本番、理科と社会は、少しミスをしたため、予想していたほど得点は伸びませんでした。このため、ライバルの受験生たちと比べたとき、内申点を上げておけたことは大きく、全体の得点を下げずに済んだと考えられます。

息子の場合、9教科の評定の合計は1年時と比べると3年時に「8」上がりました。評定を点数化した場合、55点のプラスになっています。これが当日の学力検査の得点に加算され、合否は総合得点で決まるのです。内申点があってよかったです。

このように、内申点は入試当日のミスをカバーできるセーフティーネットの役割を果たせるかもしれません。そう考えると、内申点を少しでも上げておくことは得策だといえるでしょう。

内申点は推薦と一般、両方に関わる。

③『入試時期と願書』

入試日程に加え、願書提出の期間や合格発表日、手続き日などは、例年、おおよそ同日程で決まっています。公立高校は、各都道府県の教育委員会から毎年発表されます。日程は中学校から知らされたり、教育委員会のウェブサイトで確認することができます。東京都の場合を参考に見ていきましょう。（※入試スケジュール表参照）

【例：東京都】

私立高校の入試は、推薦・一般ともに、都立高校の推薦・一般入試よりも早く行われます。各高校によって日程は異なりますが、多くの学校が毎年、同日程での入試を採用しています。私立の推薦入試は、1月22日から始まります。一般入試は、2月10日からです。私立の一般入試については、日程をずらし、2～3回実施する高校もあります。

都立高校を含めた公立高校は、定員が割れると2次募集（3次募集）が行われます。少子化問題もあり、近年は定員割れの学校と倍率の高い人気校の二極化が進んでいます。

出願の際、願書と一緒に提出する書類に「調査書」があります。調査書は、学校の先生が作成する書類です。先述した内申点に基づいた成績表示や、部活動の記録、欠席日数など、各受験生の中学校生活の記録を記載したものです。高校は、出願書類として、願書とこの調査書の提出を求めます。

担任の先生を中心に、中学校は、生徒が受験する学校数の調査書を準備することになります。特に、私立高校は、所定の用紙で調査書の提出を求める学校もあり、出願の時期が重なるため、準備する先生の負担は大きくなります。受験を決めたら、早めに担任の先生に伝えるなど、学校としっか

各私立高校と都立高校の入試スケジュール

（※東京都、日程は2021年）

各私立高校	1／22〜	2／10〜開始
	推薦入試　合格発表	一般入試　合格発表

都立高校	1／26・27	2／2	2／21	3／2
	推薦入試	推薦合格発表	一般入試（一次）	合格発表

りコミュニケーションをとることが大切です。

最近は、ウェブサイトから必要書類をダウンロードして、郵送する出願方法が一般的ですが、中には、書類を配布する学校もあります。受験校が決まったら、早めに出願書類や出願時期の確認をしておきましょう。出願や願書については、第7章で詳しく述べています。

④『三者面談（志望校決定）』

三者面談は、学校によって方針が異なります。あくまでも息子の通った市立中学の場合を参考に、紹介します。

面談の回数

担任の先生と親子で行う三者面談。息子の中学では、中学2年までは、年に1回、1学期に行われました。3年生になると進路相談となり、基本的には年に3回、三者面談が行われました。息子は3回目の面談で受験校を決めきれなかったので、12月に2回お願いしました。

中3（1回目）7月
中3（2回目）10月
中3（3回目）12月初旬
中3（4回目）12月冬休み入ってすぐ（3回目で受験校を決定できずに再依頼）

学校によって回数は異なる場合があるでしょう。ただし、多くの公立中学校が、受験校を決める面談を12月に行うでしょう。

12月は最終面談時期で、受験生は受験校を決定します。息子の学校では特に、私立高校の「推薦」と併願校の確認、加えて「第一志望優遇」と「併願優遇」の受験校は、基本的に3回目の12月初旬の面談が最終リミットとなっていました。143ページの入試スケジュール表と併せて見ると、私立の単願推薦入試と第一志望優遇、併願優遇受験は、必ずこの時期に受験校の最終決定をし、学校と最終確認をする大切な面談です。

というのも、担任の先生は、受けもつクラスの生徒が単願推薦や併願優遇などで私立高校を受験する場合、それぞれの学校を訪問し、入試相談をする必要があるからです。これらの受験校に関しては、この時期の決定がマストでした（※新型コロナウイルスの影響を受けた2021年度は、先生の私立高校への事前訪問はなくなり、書類を郵送するのみだったそうです）。私立の併願校についても、学校側は冬休み中に調査書の作成があるため、12月の面談でできるだけ最終確認をするようです。

12月ともなれば、多くの生徒が受験校を決定しています。都立が第一志望の受験生も、併願受験をする私立高校は決めなければなりません。ただ、この時期にまだ迷っている生徒もいます。特に、都立については直前に変更することもできますので、目標とする高校と他の高校も並行して考えられるように準備しておきましょう。

三者面談は、公立中学でも、希望すればそのつど、担任の先生が対応をしてくれました。息子の場合も、最終面談とされた3回目の面談で、まだ第一志望とする都立校が決まっておらず、保留にしました。その際に、再面談を依頼し、先生が提案してくださったタイムリミットまで熟慮した上で、第一志望を都立国立高校に決めました。

本人の将来につながる進路のことですから、**焦らず、遠慮せず**、考えや悩みを三者が互いにしっかり共有して、進めていくことが大切です。そのためにも、数回行われる面談の過程において、それぞれの時期で、親子の考えや学校への質問、話す内容などをまとめておいて、**家庭でも準備をしていくほうがよい**でしょう。

最終三者面談で

先生「第一志望は決まった？」
息子「はい、都立国立高校です。併願校は、中大附属・本郷・青学の3校です」
外部模試の結果を先生に見せながら、
母「併願優遇をせずに、一般で3校受験します。3回打席に立って、確率で合格を狙うことにしました」
先生「わかりました。この調子で最後まで頑張って。都立の推薦入試はどうする？」

息子「受けてみます」
先生「おー。過去問の小論文は国語のM先生が添削してくれるから」
息子「はい……」

面談の内容

初めに担任の先生から成績についての説明を受けた後、進路について話し合うことになります。その際、論点がずれないよう、事前にポイントを明確にしていくことが大切です。話が逸れる、雑談になってしまうと時間がもったいないからです。

有意義な面談にするには準備次第。必ず準備をしていきましょう。ポイントとしては、

①進路に対する子どもの考えを述べる
②それに対する親の考えを述べる
③先生の意見や参考になる例を聞く
④受験を検討している各高校について、質問があれば聞く

⑤具体的な勉強法やアドバイスを教えてもらう

などです。面談時間は限られています。できるだけ有効な時間にするために、聞きたい内容や質問は、きちんとメモしていくなど、できるだけ準備をしていくようにしましょう。

塾なし受験の場合、家庭内の考えを、第三者的に見る役割が担任の先生になるため、貴重な15分間になります。進路について、本人と家庭の考えがもちろん最優先されるべきですが、学校という小さな社会での息子を知っている担任の先生に話を聞くことは、進路選択をする上で、大変参考になりました。

受験校を考え始めた当初、息子は都外の公立高校受験も検討していたため、先生に確認しておきたいことが少し多かったと思います。手続きなどは各都道府県、各高校によって違いがあるので、先生との連携は重要です。

塾に通えば、塾で進路相談をするご家庭も多いと思います。塾に通わないのであれば、学校の先生たちをフル活用するくらいの気持ちでもいいのではないでしょうか。学校の進路説明会に行けば、進路指導の先生と話せるチャンスがあります。担任との面談だけでなく、進路指導や部活の顧問の先生に相談することもできるので、選択肢のひとつとして考えておきましょう。

担任の先生はもちろん、学校の先生は、利益とは無縁に子どもたちの未来を案じてくれる存在です。受験勉強だけで切り取って子どもを見ているのではなく、授業中、部活、給食・掃除など、3年間にわたって一日の大半を、私たち親以上に子どもと接しています。入学時からずっと成長していく姿を見ているのです。そう考えると、学校の先生は、子どもたちにとって本当に大きな存在です。

もちろん、多くを相談しないにしても、三者面談を経て、志望校を決定するのですから、担任の先生とのコミュニケーションは大切だと感じました。受験相談が塾任せになっている生徒が多い現状ですが、日頃から、学校の先生をもっと頼ってよいのではないでしょうか。長く進路指導に携わっている先生などは、頼りがいがあります。

塾なし受験のちょっとした不安を解消できるのは、学校の先生です。学校とのコミュニケーションは大切、積極的にどんどん頼っていきましょう。

塾なし受験の助っ人は、学校の先生。先生を味方に。

⑤『面接・集団討論』

2021年の高校入試は、新型コロナウイルスの影響を受けたことによる変更点がありました。例えば、都立高校普通科の推薦入試では、新型コロナウイルス感染予防の観点から、必須だった集団討論が中止されました。2022年の都立推薦入試も同様に、集団討論は行わないと東京都教育委員会から発表されています。集団討論の実施がなくなったことで、2021年は面接の配点が高くなった学校が多くありました。一方で、小論文や作文に配点を振り分けた学校もありました。

集団討論については、２０２３年以降、復活することも考えられますので記載をしていますが、２０２２年の都立高校推薦入試では行われませんのでご注意ください。

推薦入試では、面接や集団討論が行われます。塾なし受験の不安要素のひとつに、自宅学習だけでは対策がしづらい推薦入試の選抜方法が挙げられます。この部分を公立中学校でも対策し、練習が行えるようにカバーしています。推薦受験をするなら、ぜひ活用しましょう。

面接については、ある程度、自宅でも練習できます。将来のことや自分の長所・短所、世の中の関心事など、思春期になれば、面と向かって真面目な話をする機会が減った家庭も少なくないでしょう。親子で練習するのは少々照れくさかったようでしたが、親としては、自分や社会のことについて真剣に話す様子を見られて、子どもの成長を感じられた瞬間でもありました。

主に学校が作成した「面接の想定質問」から項目を選んで質問しました。入室から退室まで本番のような形式で行いました。答える内容も大切ですが、常識の範囲で、面接のマナーや声の大きさ、言葉遣いや態度などについて、練習後に、感想を述べました。本当の面接官ではありませんが、大人として中学生がどんなふうだと気持ちがよく、いい印象であるかは、親の私たちでも十分アドバイスできると思います。また、姿勢や目線、くせなど、本人が気づきにくい点で、気になる部分があれば伝えてあげるとよいでしょう。

さらに、私が感じている息子のいいところを伝えてあげました。自分のここが長所だと自信をもって言える子どもはあまり多くないかもしれません。**親がいつも感じている子どもの長所を教えてあげられるといい**ですね。

初対面の面接官に、自分をアピールすることは、そう簡単なことではありません。質問の答えも、息子が用意した答えを添削して、「もう少しこんなふうに話せるともっとよくなるのでは」などと、アドバイスしました。

推薦入試は、小論文や面接、集団討論など、学力検査で見ることのできない力を試されます。語彙力や論理的な考え方、答え方、文章力、対応力など、一夜漬けでは育たない力です。しかも、人気の学校は高倍率になります。対策として日頃から家庭で意識してできることは、新聞を読むこと、世間のニュースを意識することの他、**会話の際に、理由を述べる練習をして論理的思考を鍛える**こと、などです。

集団討論の練習とまではいきませんが、家族でその日のニュースや時事的なテーマについて、時々話し合いました。身内でも互いの意見を述べ、聞くことは、受験生にはプラスにはなるでしょう。自分の意見を述べ、家族の意見も聞いてみると、違った考え方があると認識できますし、他人の意見を参考にして自身の意見を再考することもできます。

息子は数回、学校で面接と集団討論の練習を受けました。学年の先生や副校長と数回、面接練習を繰り返し、希望する生徒が集まった集団討論の場にも参加しました。この取り組みは、公立中学校でも、丁寧に受験指導が行われていると感心したことのひとつです。地域差・学校差があるかもしれませんが、学校で練習がある場合は活用してみてはいかがでしょうか。PTAが主導して、外部の講師を呼び、面接対策をしている公立中学校もあるようです。

息子は、残念ながら国立高校の推薦入試は不合格。

しかし結果を受けて、「絶対国高《くにこう》に入ってやる!」とますます気合が入りました。あの日、掲示板に自分の受験番号がなかった帰り道、その悔しさから入学への思いを強くしたようです。夫と私は、**チャレンジしたことをたくさん褒めました。**

本当に行きたい第一志望の高校であれば、チャンスは2回と考えて、推薦入試にもチャレンジすることを我が家は選択しました。本人は自信がなかったので、推薦に挑戦することに初めはとても後ろ向きでしたが、「ダメ元でいいからやってみれば」という親のアドバイスを受け入れました。

推薦入試の受験を勧めたのには、理由がありました。

●受験のチャンスが1回増えるから

●小論文対策で、国語の力をつけたかったから

もちろん、合格できればすばらしいですが、都立の場合、一般入試よりも推薦入試は狭き門であり、受験者の3分の2が不合格となる厳しいものです。実は、都立高校第一志望者の推薦入試利用率は、年々下がってきています。これは、狭き門の上に、集団討論や面接、小論文・作文の対策に時間を割いても、多くの受験生は合格できず報われないためでしょう。

さらに、私立の授業料軽減制度や、大学入試を見据えた付属校の人気で私立志向が高まっていることも、関係しているかもしれません。

推薦入試を受けるとなったら、対策をしなければなりませんでした。小論文は、国語の苦手な息子にとって苦しい科目ですが、何もしないわけにはいかなくなったので、渋々ながらも過去問を解き、何度も書く練習をしました。

私は、文章を書く仕事をしていますが、文章は、書かなければうまくなりません。国語が苦手な子どもは、「読み・書き・まとめる」の作業を繰り返すことで、国語力を伸ばすことができます。

過去問を見るとわかりますが、国立高校の小論文は大変難しい内容で、与えられた課題を読み解き、問題に答える訓練は苦しいものだったと思います。息子が解答として書いた内容の評価はさておき、「最初は書けなかったレベルの小論文をなんとか自分なりにかたちにすることができた」ときの自信は、本人にとって大きかったのではないでしょうか。

推薦入試の不合格は、本人に本気の覚悟と、国語力のアップをもたらしました。息子の場合、この選択は、成功だったといえる一面があったと思います。
しかし、推薦入試の対策をするということは、他の教科の勉強時間を使ってしまうことになります。狭き門のため合格の可能性が低いにもかかわらず、限りある貴重な時間を使ってしまうことに、息子も決心するまで抵抗があったようです。その気持ちは理解できたので、あまり無理強いはしませんでした。

私は、息子にとって不合格もメリットになったと捉えています。ただし、これは子どもやご家庭によって違ってきますので、各ご家庭で状況に合わせ判断していただければと思います。
もしも、推薦受験をするかどうかで迷われているなら、親子で丁寧に話し合ってみましょう。我が家と同様にチャンスは2回と考えられれば、チャレンジしてみることは悪くないかもしれません。1回目で第一志望校に合格できる可能性だってあるのですから。

不合格にもメリットが。過程で得られたことに価値あり。

コラム ⑥

コロナ禍の高校入試

2021年、新型コロナウイルスの影響を受けた臨時休校や分散登校などがあったため、受験生に不利益が生じないよう、文科省は高校側に配慮を求めました。都立高校普通科の推薦入試では、新型コロナウイルス感染予防の観点から、必須だった集団討論が中止されるなど変更点がありました。一般入試についても文科省の通知を踏まえ、数学の「三平方の定理」や英語の「関係代名詞」など、中3の学習内容のうち一部を出題範囲から削除しました。

このように、コロナ禍で行われた高校入試は、例年とは違い、いくつか変更点が見られました。都の教育委員会は、2022年の都立高校推薦入試も、引き続き、集団討論の実施はなしと発表しました。一方、一般入試の出題範囲については例年通りになりました。

私立高校についても例年通りとは限りません。各学校の入試情報を確認する必要がありますね。

まだ新型コロナウイルスの感染状況は見通せないので、今後も志望校の受験情報を敏感にキャッチできるようアンテナを張っておきましょう。

❸「塾なし受験」、押さえておくべきポイント【高校サイド】

ここまでは、中学校側の塾なし受験に関わるポイントを挙げました。次は、高校側のポイントですが、それらは主に、志望校決めや受験のスケジュール設計に必要となってきます。日程をしっかり確認して、受験の計画に入れていきましょう。

①学校説明会（オンラインもあり）
②学校公開・見学会・オープンキャンパス（動画などもあり）
③文化祭
④部活見学会・体験会
⑤入試問題説明会
⑥個別相談会

2021年以降、新型コロナウイルスの影響から、説明会やオープンキャンパスの参加人数を制限する高校や、オンラインで開催する高校が増えました。コロナ禍では予約なしで参加できるものはほとんどなく、校内で行う説明会や見学会は事前にオンラインで予約しなければなりません。人数制限の関係から、募集後すぐに定員になってしまう学校も多く、受験生の保護者は予約に苦労しているという話を中学校の先生から聞きました。

オンライン開催の説明会は増えましたが、できるだけ志望校には実際に足を運んでみるほうがいいでしょう。ただし人数制限があるため、基本的に予約は簡単ではありません。人気のある学校の予約はすぐ定員になってしまう上、説明会の日程が重なることもあります。多くの説明会に参加するのは難しい状況ですが、特に第一志望校の説明会は逃さないよう、頻繁に学校のウェブサイトをチェックしましょう。併願受験の学校については、オンライン説明会や学校紹介動画を活用していいでしょう。

では、ひとつずつ見ていきましょう。

①『学校説明会』

6月頃〜秋、各校数回開催

内容は、学校によって多少違ったものになる可能性はありますが、私が参加した高校の説明会では、校長先生の話、事務方の話、進路指導の話、在校生のプレゼンテーションなどがありました。

●基本情報の説明
●教育方針や校風、特徴などについて
●卒業後の進路
●在校生の話

学校の教育方針や校風、大学進学実績など、学校説明会で話されることは基本的な内容が多いです。進学校をうたう高校は、力を入れている進学実績について時間を取って話すでしょう。

その中で、私は、学校説明会での校長先生の話は、学校の特徴を知る上で、意外とポイントになるのではないかと考えています。特に私立高校は、学校それぞれにカラーがあるので、校長先生の話から、ある程度、その学校の「らしさ」がわかると思います。話し方、言葉遣い、態度、伝えようとしている内容で、学校の理念や教育方針、生徒への対応など、その学校の輪郭が見えてくるのです。

特に私立については、ボスである校長先生の話に共感できる学校、印象のいい学校は、我が子にとって、もしくは親として、いかせてみたい学校の候補として、有望なのではないかと考えます。

反対に、話の内容にあまりピンとこなかった学校の場合、自分たちの教育方針や、子どもの考え・性格とずれている可能性があります。入学後に、ちょっと違う……と感じてしまうことがないように、少し退屈かもしれませんが、息子にも校長先生の話はしっかり聞くように勧めました。

息子と一緒に、ある私立高校の説明会に参加しました。野球をしっかりやれる環境があり、勉強・進学にもきちんと対応する特進クラスがあると事前に調べていました。その学校は、併願優遇で多数の受験生を受け入れている高校で、広い体育館に、たくさんの受験生とその親たちが集まっていました。

硬式野球部が敷地内のグラウンドで練習をしていたので、部活の雰囲気はわかりましたが、校長先生は、淡々とお話しされていたため、正直なところ、内容はあまり印象に残りませんでした。説明会後の個別相談にも参加しましたが、特進クラスの担任だという先生は、野球と勉強の両立に難色を示したため（特進クラスに硬式野球部員はいないとの話）、息子も私も「ちょっとここは違う」と感じました。

たとえ滑り止めであっても、もしかしたらいくことになるかもしれない学校です。思い描く高校生活が送れる学校であることが大切。その日受けた印象を信じ、この高校は受験校から外しました。反対に、第二志望に選んだ私立高校は、説明会に参加して、校長先生の話す教育方針に共感できました。大学付属を生かした特徴ある授業も魅力的でしたし、部活の様子も確認しました。生徒のプレゼンテーションも印象的で、この学校なら通うことになっても大丈夫だと親子で納得しました。

パンフレットやウェブサイトではわからないことが、現地にはたくさんあります。学校説明会の内容は、特別なものではない場合もありますが、学校を訪れるきっかけになります。コロナ禍の場合、予約は大変ですが、校風や雰囲気は肌で感じるもの。数回開催している学校も多いので、予定に入れて**親子で実際に足を運ぶと見えてくることがありそう**です。

親子で訪れて高校を肌で感じよう！

②『学校公開・見学会・オープンキャンパス』

学校説明会を逃した受験生も、心配はいりません。他に開催される学校公開や見学会に参加すれば、学校を肌で感じることができます。学校公開は、授業を見られる授業公開と併せている高校もありますし、部活見学・体験と一緒になっている場合もあります。

説明会ほど、詳しい説明の場は設定されていないこともありますが、学校の雰囲気は十分わかります。併願校で受験するかどうか迷っている場合や、第二志望以下の学校については、できれば参加してみることをおすすめします。

志望校の場合は、①学校説明会と②学校公開・見学会・オープンキャンパスのどれかに、ぜひ保護者も一緒に行ってみましょう。子どもが通う可能性がある学校に、最低でも一度、足を運ぶことが大切です。というのも、子どもの視点では気がつきにくいことがあるからです。それらは、実際に3年間通学するために大切な視点でもあります。

子どもは、例えば、勉強や部活、行事、制服など、生徒目線で学校生活を中心に見る部分が多いでしょう。保護者はそれらにプラスして、進路や生徒・先生の様子、通学状況など、親目線で見ることができます。このように、親が気になるポイントと子どもが気になるポイントは、違っていて当然です。できれば、両方の視点をリストアップして参加するといいでしょう。

電車・バス通学については、経路検索で表示される時間ではなく、**実際に通学する時間帯に、親子で乗ってみる**ことをおすすめします。通学にかかる時間はもちろんですが、乗り換えやラッシュ時の混雑具合、通学路の様子など、通学することを前提に、親子で気になるポイントをチェックしましょう。
自転車通学を考えている場合も、車の往来やアップダウンなど、親子で気になる点を確認するといいでしょう。

学校公開や見学会などは、**事前予約が必要な場合**もあります。経験上、少しのんびりしていたら定員がいっぱいになってしまった学校もありました。人気のある都立や有名な私立高校などは受験生が集中するので、すぐに定員に達してしまうことも。**予約がいる場合は、早めに計画**を立て、各学校のウェブサイトを随時チェックするように習慣づけましょう。

志望校を選ぶ際のご家庭のチェックポイントを、ぜひ親子で考えてみてください。あまりたくさんでなくても構いません。親と子それぞれが優先したいポイントを挙げておけば、トータルで見て、希望にかなう学校が絞られ、志望校を選択しやすくなると思います。

我が家の学校選びチェックポイント

その一：文武両道
その二：都心へのラッシュは避けたい、通学時間は1時間以内

各家庭でチェックポイントを明確に。
パンフレットやウェブサイトではわからないことがある。
志望校には、絶対に足を運んで。

③『文化祭』（※コロナ禍、一般開放・見学不可の高校が多いです）

高校の文化祭は、友達同士で行く生徒が多いようです。受験に直結するものではありませんが、学校や在校生の雰囲気、行事に対する姿勢などを知ることができます。また、第一志望な

どの場合は、子ども自身が楽しい高校生活を想像でき、「この学校に入りたい！」と前向きになるメリットもあります。

自分の経験からもいえることですが、高校の文化祭は楽しかった思い出のひとつです。文化祭は、中学生からすると、憧れの気持ちが根強くあるのかもしれません。息子の通う国立高校の文化祭はとても有名で、日本一の文化祭とも称されています。約1年かけて準備をするその文化祭にあこがれて、進学を希望する中学生は多いようです。例年、1万人が訪れる人気の文化祭も、2021年はコロナ禍の影響で内々の催しになりました。

ベネッセ教育総合研究所の高校受験調査によると、第一志望だった高校に合格し通っている高校生の半数が、「高校の文化祭や体育祭などの行事を志望のきっかけにした」と答えています。実際に、学校に足を運んで、在校生の様子を見ることによって、自分の高校生活をよりイメージできるのは間違いありません。保護者目線ではありませんが、子ども目線では感じることが多く、志望校であればなおさら、**受験勉強にやる気が出る効果**も期待できます。

受験生にとって文化祭は、高校の雰囲気を知るいい機会です。文化祭が再び一般に開放されれば、学校の雰囲気を味わいにぜひ行ってください。

④『部活見学会・体験会』

入部したい部活が決まっている受験生の場合、部活体験に参加する子どもが多いようです。部活動は、多くの高校生の学校生活には欠かせない要素です。体験会に参加する他にも、普段の練習の様子などを見るチャンスはあるでしょう。文化祭同様コロナ禍で、部活体験会を中止する学校は多いですが、事前予約で行う私立もあるようです。

部活体験会は予定が合わず、息子は参加できませんでしたが、学校説明会後に、部活見学をしました。野球部がしっかり練習している様子を見て、「勉強と野球の両立ができる」と感じたようです。部活動は、高校生活の大切な要素。特に、入部したい部活が決まっている場合は、普段どんなふうに活動をしているのか見ておくといいでしょう。

部活体験会に参加して、先輩から熱心に説明を受けたことがきっかけで、「この高校に絶対合格したい」と思ったと話す息子の友人がいます。息子は、夫と一緒に、硬式野球部の夏の地方予選を見に行きました。1年後、その場で自分がプレーしていることを想像していたといいます。

受験へのモチベーションは人それぞれ。**受験勉強にやる気が出るなら、目指す理由は何でもいい**のだと思います。勉強漬けで日々を過ごすだけでなく、あこがれの高校生活を思い描けるような体験をすることも、受験生にとってはとても重要です。**本人が本気になることこそが合格への近道**。そのきっかけとなるのが、部活の体験会や、文化祭などの行事かもしれません。

> 息子は現在、硬式野球部で野球漬けの日々。ともに切磋琢磨している同期部員のほとんどが、中3の夏休みに部活体験会に参加していたようです。
>
> 監督や先輩の顔を覚え、1年後の自分を想像し、以降はモチベーションを上げて、受験を乗り切ったそうです。

⑤『入試問題説明会』

私立や自校作成入試問題の都立を中心に、秋以降に開催する説明会で入試に関する詳細な説明をする学校が増えています。入試問題の傾向や推薦の基準など具体的な情報を得ることができるため、必ず参加しましょう。特に、自校作成入試問題の高校では、前年度に実施した入試問題について高校の先生が説明をします。各教科の出題方針や、配点、各問題の得点率などが公表され、教科別・問題別に、解答や解き方の解説がされます。合否を分けた問いや受験者の正答率もわかるため、**入試本番に向けてとても参考になる説明会**です。都立は受験生のみの参加ですが、私立高校は親子で参加が可能な場合もあります。

●参加した中大附属高校の場合（学校説明会として開催）

・親子で参加

・校風や授業、進路などについて、詳しく説明

・昨年の入試問題を教科別に教員が解説。出題方針や合否を分けた問題を説明する

・各教科、入試に向けた勉強のアドバイスも

●都立国立高校の場合

・参加は受験生のみ
・得点率から、合否を分けた問いがわかる
・数・英は、詳細に解説。留意するポイントや解法の鍵を教えてくれる
・小論文（推薦入試）の問題説明

「余裕で合格できる生徒はほんのひと握り。ほとんどの生徒がいわゆるボーダーライン付近にいるのだから、弱気にならず、最後までしっかりやり抜いた生徒が合格できる」と話された高校の先生の言葉が、息子には励みになったそうです。数学と英語については、担当の先生が解法を詳しく説明し、入試に向けたアドバイスをくれたと話していました。

息子の場合、都立高については、もう1校、立川高校の入試問題説明会にも参加しました。12月の説明会開催時点では、最終的に第一志望をどちらにするのか、まだ決断をしていなかったためです。どちらを受験することになってもいいように、両校に参加しておきました。

実際に出願倍率を見て、受験校を変更する生徒もいます。都立はギリギリまで悩めるため、

できる準備はしっかりとしておきましょう。

入試問題説明会は行くべし。

コラム⑦

もし高校の説明会が予約できなかったら

人気の私立高校は、コロナ禍に関係なく、説明会は早々と予約が埋まります。どうしても参加したいなら、頻繁に学校のウェブサイトをチェックして、予約開始の日時を逃さないようにするしかありません。

大型台風が東京を直撃した2019年10月は、説明会の延期が多くありました。そのため、その後の説明会に予約が集中し、1校だけでしたが我が家も説明会の予約が取れなかった私立がありました。当時の対応は、コロナ禍で予約が難しくなった今も試す価値があるのではと思い、ご紹介しておきます。

- パンフレットを取り寄せる。ユーチューブなどの学校紹介動画を見る
- モチベーションアップを兼ねて、学校の正門まで訪れてみる
- 通学路を散策してみる
- オンラインで複数回実施される説明会があれば参加する

もし説明会の予約が取れなくても、悲観せずにできることを探して動いてみましょう。

⑥『個別相談会』

私立高校が実施する個別相談会は、併願優遇で受験することを考えている場合は、マストであると言われています。これは、中学校からもそのように指導されます。

息子の場合、併願優遇を行っている私立の中にいきたい高校は、残念ながら見つけることができませんでした。1校だけ、併願優遇で受験するかどうか迷い、個別相談会に参加してみて、話を聞いた学校があります。

学校説明会の部分でも少し触れましたが、特進クラスの担任の先生との会話は、微妙にかみ合わず、「勉強と部活を両立させたい」と考えていた息子の希望には添わない学校でした。私も同席しましたが、私自身、その学校の教育方針にあまり賛同できませんでした。

私立の学校は、校風や教育理念に、それぞれ特徴や個性があります。相談会に参加したことで、その学校は、息子の思い描く高校生活が送れる学校ではないと判断できました。この経験から、滑り止めや保険のためとはいえ、高校生活を3年間過ごす可能性のある学校は、しっかり選び、通うつもりで受験すべきだと感じました。おかげで、その後の受験方針も決まりました。そういう意味で、個別相談会に参加してよかったと感じています。

ウェブサイトやパンフレット、ネットの情報ではわからないことが多いです。足を運ぶこと、在校生の様子を見ること、関係者と話すことは、学校のことをより深く知ることができるいい機会です。「入学してみたら違っていた」といったことが起こらないようにするためにも、受験する学校はできるだけ、親子そろって出かけてみるほうがよいでしょう。

息子は、併願優遇を選択しませんでしたが、**私立を併願優遇で受験したい場合は、必ず個別相談をするように**と、中学校から指示があります。「個別相談に参加しないと門前払いになる学校もある」と担任の先生は話していました。高校によっては、個別相談が必ずしも必要ではないと説明をしている学校もありますが、受験する可能性がある場合は、全体の説明会＋個別相談会を併用することをおすすめします。

もしも知り合いに、その学校の出身者や在校生がいる場合、話を聞くことは可能ですが、現役の先生や学校関係者と直接話せることは、学校の校風や理念をより知ることができるチャンスです。数年たてば学校は変化している部分もあるでしょうから、できるだけ、現役の学校関係者と話す機会をつくるようにしましょう。

併願優遇で受験することのメリットは、安心して第一志望校に挑戦できることです。保険を掛けておくほうが落ち着いて挑戦できる子や、都立が第一志望の子、少しレベルを上げた私立に挑戦したい子など、理由はさまざまですが、近年、併願優遇制度を利用する受験生は増えています。

もし、併願優遇受験のメリットを生かして受験にチャレンジする場合は、各学校の個別相談会に参加してみてください。

参加した説明会など一覧

実施月	参加した説明会、見学会など(2019年度)
6月	都立A高校学校説明会
7月	国高学校説明会、進学フェア(地元PTA連合会主催)
8月	都立A高校オープンスクール、国高公開授業
9月	国高祭(文化祭)、中大附属学校説明会、私立B高校見学会
10月	国高学校説明会、私立C高校学校説明会
11月	私立D高校学校説明会、中大附属入試説明会、国高入試問題説明会
12月	本郷高校説明会、都立E高校入試説明会、青山学院高等部見学

私立高の併願優遇受験を考えるなら、個別相談はマスト。

コラム⑧

コロナ禍で苦労する現役中学生

コロナ禍、受験生が高校を見学できる機会が減っています。緊急事態宣言下の場合、在校生が分散登校やオンライン授業のため仕方のないことですが、志望校を選ぶ受験生にとっては学校の様子が見えづらくなっています。

学校説明会はオンライン開催が増えました。来校と併用する場合もあります。

来校・オンラインともにたいてい予約が必要です。定員があるため、私立高校などは開催する回数を増やす学校もあるようですが、公立・私立に限らず人気の学校は、もとからオンラインでの予約自体が難しく、予約開始1分で定員になってしまう学校もあります。コロナ禍で人数制限ができ、例年は問題なかった学校も参加予約が難しくなっていると、中学の先生から聞きました。志望校の情報にはしっかりとアンテナを張り、必ず予約スケジュールを確認しておいてください。

文化祭も、一般開放を中止した学校がほとんどでしょう。部活体験会や校内見学なども中止されていることが多く、学校の雰囲気に触れ、在校生の姿を見る貴重な機会が減ってしまいました。

このように、高校受験はコロナ禍以前とは様子が異なります。「自分ならではの志望理由を探しに高校に行けない」のです。コロナ禍の情報収集は簡単ではありません。受験生側も高校側も、まだ手探りで進めている状況です。

実践編

第4章

「塾なし受験」の進め方

本章からは実践編としてまず、どのようにして「塾なし受験」を進めていったのか、具体的に書いていきます。塾なし受験に挑戦するにあたって、目標設定からスケジューリング、チェックと分析、その後の対策や改善など、入試日までの道のりに必要なノウハウを明かしていきましょう。

❶目標設定をする

導入編で説明をしましたが、高校の見学・説明会やインターネットなどで受験校の情報収集をしながら、勉強を進めていくには、まず、目標を設定する必要があります。すでに志望校が決まっている場合はいいですが、もし決まっていないなら、目指したい学校群のレベルを設定しましょう。具体的な学校でなくても構いません。学校選択の参考になるので、中2の冬、もしくは中3の5月頃の模試を一度受けて、自分の偏差値を知っておくといいでしょう。

ほどよく高めの目標設定を。

目標は、ある程度高くてもいいと思います。目標を高く設定するほうが、受験生にはより効果的に働く場合があります。ただし、あまりに高すぎる目標は、人によっては現実味がなくなってしまうため、受験生に合わせて考えてみるとよいでしょう。

目標を高く設定するのには理由があります。受験は、目標設定から約1年後〜短くても半年後の入試日までにそのレベルに達していればよいからです。高く設定すれば、学力は伸びていく可能性があります。そのとき（目標設定時）の成績を参考に決めてしまうのは、少々もったいないということです。

まずは、希望条件を満たしている学校をリストアップしましょう。あくまでも目標設定なので、偏差値はあまり気にせず、理想とする高校生活をかなえてくれそうな学校を選びましょう。本気でその高校に行きたいのであれば、まずは目標に向かって頑張ってみればよいわけで、軌道修正は後からでも可能です。

中3の6月、息子は、偏差値でみると進学した国立高校より低い都立高の説明会からスタートしました。グループ作成入試問題の高校で、夏休みには、授業体験にも参加しました。当時の息子の学力から、合格可能な学校はこのあたりかなと目星をつけて参加したのですが、通学に時間がかかることと、部活用のグラウンドが広くないため、夏には志望校から外れました。

【例】

中3の新学期：国立高校を含めた複数の都立高を仮目標に設定

情報収集と受験勉強をスタート

⬇（3カ月後）

9月以降、国立高校を中心に併願する私立高を受験の対象に絞る
検討した各高校間の偏差値幅は4差ほど

このように、春頃、候補に考えていた学校は、秋になったとき、ターゲットから外れました。大きなきっかけは夏休みの模試の結果です。その結果を見て、残り半年で学力はまだ上がると考え、妥協することなく、行きたい学校を選びました。もちろん心配や不安もありましたが、まず目標にしてみることが、学力を伸ばすきっかけになります。

入学したい高校　＝　合格可能な高校

この等式を成り立たせるために受験勉強をする。
すなわち、**受験勉強を通して夢をかなえる**のです。

受験生本人がそのことに気づき、夢をかなえるために本気になることが大切。息子は、目標を定めた後、本気で受験勉強をし始めました。「絶対にこの学校に合格したい！」と本人自ら思

うことが、とても重要なのです。

とはいえ、もし考えていたほど学力が伸びなければ、決定の期限までに話し合って目標を変更するつもりでした。そのあたりは柔軟に対応できるように、周りの大人は心構えが必要でしょう。ただし、それは最終リミットである出願時に決めることです。結局どちらにしても、目標が高ければそこに向かって学力は伸びる可能性がある、というわけです。

導入編でもお伝えしましたが、志望校は偏差値だけで決めないようにしましょう。親子で相談しながら自分らしいテーマ・夢・高校生活をかなえてくれる、第一志望の候補となる学校を挙げるようにしてください。

子どもが進路を選択するとき、親としてできることは、

①親がいいと考える選択肢を用意する
②子どもの話や希望を聞いて、一緒に考える
③自分の経験を話す

学校にいくのは子どもであって、この受験が、子どもの未来のための選択であることを忘れ

ず、子どもが自分で考え、自分で選択できる環境をつくってあげることが大切です。

ここでひとつ注意点があります。保護者世代の学校や偏差値に対する知識やイメージは、20年ほど前のものである可能性があります。時がたち、偏差値をはじめ、現在の学校の実力や評判は、程度の差こそあれ、変化しているでしょう。間違っても、その頃のイメージや偏見で学校を判断したり、意見を押しつけたりすることのないように注意しましょう。

評判は、実際と違うことも考えられます。新しい学校や、力を伸ばしている学校もあります。知名度だけを当てにせず、先入観を持たずに、今現在どんな学校なのかをしっかり調べる、現地に足を運ぶなどして、自分たちの目で確かめてみることが大切です。

さあ、目標が決まったら、次は目標達成までのスケジュールを立てましょう。

目標は高くてもOK。夢をかなえるための受験勉強。

❷「受験プロジェクト計画表」を作成する

目標を設定したら、次は「塾なし受験」を進めていく計画表の作成をしましょう。導入編でスケジュール管理について書きましたが、より具体的な計画表の作成方法を紹介していきます。この計画表が、塾なし受験生の闘いを大きくサポートする強力なアイテムとなります。

（1）計画表に記載する情報を集める

まずは、計画表に載せるべき必要な情報を集めていきます。学校関係・受験関係両方のスケジュールを確認しましょう。通っている中学校の年間スケジュールや高校のウェブサイト、または受験冊子などで、次の情報を確かめてください。

【中学校関係】
①定期テスト
②実力テスト
③部活の練習・大会（夏まで）／学校行事

④三者面談
⑤校内検定試験　など

【受験関係】
①説明会や見学会、文化祭など志望高校の日程
②模試の開催日
③出願期間や出願締め切り日
④入試日・合格発表→手続き締め切り日　など

これらを参考に必要な情報がある程度そろったら、計画表に書き入れていきましょう。

（2）日程・時期を計画表に書き入れる
計画表は、ひと月を週単位（第1週～第4週）で管理して、3カ月のくくりにしました。この通りでなくても構いませんが、計画を立てやすく全体も見やすい体裁を意識するといいでしょう。我が家で使った計画表を参考にしてください。

模試の開催日程などは、受験する・しないにかかわらず、候補日を全て記入しておくといいでしょう。受験する日程が決まれば、必要のない情報は削除していけば大丈夫です。

導入編でもお伝えしましたが、計画の作成とスケジュール管理は、受験生だけでは難しいので、親子で一緒に取り組みましょう。実際に、保護者が把握すべき日程も多いため、大人主導でも構いません。子どもだけでは判断に迷うこともあるでしょうから、しっかりと連携して進めてください。

（3）日程に合わせ、勉強や準備の計画を考える
まずは決定済みの日程に合わせ、勉強や必要な準備の計画を考えていきます。
例えば、1学期に受ける校内英検の勉強をいつするか、定期テストの勉強はどの期間でやるか、模試はどのあたりに受験するか、といった具合です。週末は、説明会や模試が重なることがあるので、早いうちに日程を確認しておきましょう。

計画表に書き入れた【※作業（2）】中3の通過ポイントに合わせて、可能な範囲で計画を立

てください。1学期は、学校のスケジュールの他は、具体的な日程が少ないかもしれません。

加えて、勉強の計画は日程からだけでなく、中期的な目標も一緒に考えていきましょう。

中期的目標は、次の二点を主に考えるとよいでしょう。

①教科別の目標　&　②先取り学習

①教科別の目標は、入試での得点を最大にすることを目指し、自分はどの教科の点数を上げたいか、そのために何をどうすれ

勉強計画表②

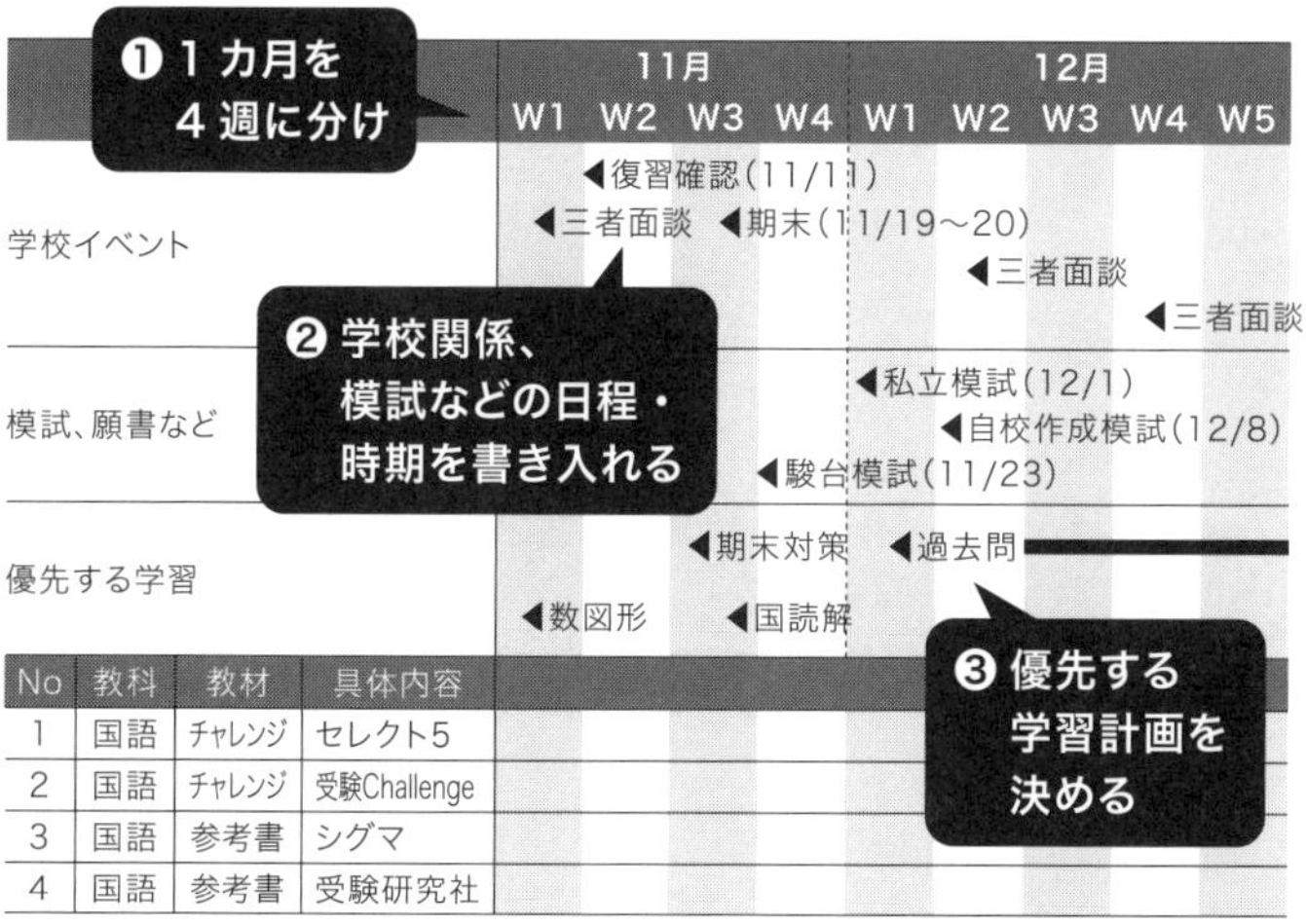

ばよいのか、考えていくということです。弱点をどう補強するか、強みをどう強化するのかで、狙いはそれぞれ変わってきますね。

例えば、目標は
国語　⬇　漢字の強化、古文の基礎力アップ
数学　⬇　平面図形の基礎から応用まで重点的に　など

そのための学習計画は、
●漢字ドリル1冊（△月末まで）
●古文基礎○×参考書（□月まで）
●数学　図形の問題集（次回模試まで）

息子の場合は、このように苦手な国語は基礎力を上げるために、数学は伸ばせそうな図形や関数の得点アップを目指し、目標を考えました。自分に必要だと思う目標を決め、そのための学習計画を立てることで、自分の学力に合わせた学習プランが出来上がっていきます。

日程に合わせた計画は週単位で、中期的目標は月単位でなどとして日程欄の下に書き込み、優先すべき学習と位置づけるとわかりやすいでしょう。

中期的目標のもうひとつは、②先取り学習です。これは、学校ではまだ学習していない3年次の単元を自分で学習すること、予習のためではありません。なぜ受験に先取り学習が必要なのでしょうか。

答えは、**入試の出題範囲は中学の全範囲**だから、です。

過去問を解き始めようと考えたとき、未学習の単元があると取りかかれません。志望校の過去問対策は、受験に必須です。公立校入試は、早い都道府県では1月末から始まり、首都圏では2月15日以降です。受験生は秋になれば、過去問を解き始めて対策を進めていきたいと考えるでしょう。その場合、**学校の学習スピードでは間に合わない**のです。

特に、中3の後半に学習する数学の範囲に気をつけましょう。**公立入試の数学は、出題の約5割が3年の学習内容といわれ、入試頻出の単元が多い**です。早くても12月中に終わる授業通りのスピードで進むと、入試対策ができなくなってしまいます。これは、難易度は違えども、標準的な公立校から難関校入試まで同様なのです。数学の他に英語の文法についても、先取りが必要になる場合があるでしょう。

先取り学習が必要な例：
数学　➡　円周角の定理／三平方の定理
英語　➡　関係代名詞や現在分詞、過去分詞

一般的な進学塾では、中3の夏前後にはひと通り中学の履修範囲を終えるところが多く、以降は、応用問題や入試対策をしていくようです。息子は、二次関数や三平方の定理などの重要単元は、夏休みに計画的に先取り学習をしました。**先取り自学習には、オンライン教材を用いて**、講義を聞いて勉強するというかたちで進めました。授業スタイルと同じ形式がよいと考えたからですが、先取り学習には、オンライン教材は便利で、コストパフォーマンスがいいと思います。

中期的な目標については、固定された日程（通過ポイント）に関係なく、また学校生活などと並行して進めなければなりません。計画的に少しずつ進めるか、普段なかなか時間がとれない場合は、まとまった時間のある長期休暇（春・夏休み）を上手に使うといいでしょう。
目標や学習プランで計画表が埋まってきました。もし、先々まで決定することが難しい場合は、まず1カ月をめどに考えてみましょう。徐々に埋めていくのもありですし、仮決めをしておいて変更してもよいでしょう。

計画表を作成する目的は、入試までの道のりを可視化するためです。受験生本人が、いま自分が何をしているのか、これは何のためなのか、どの場所にいるのかなどを知るため、**受験勉強という見通しの悪い、不安な状況の道筋を見えるようにするため**です。1年後の目標までうまく走っていくには、その道のりが可視化できないと難しい。塾にはいっていないのですから、漠然としたままでは不安が募ってきます。

このとき、大切なことがひとつ。

常に「Xデー＝入試日」を意識する

まず全体の考え方として、最終目標である入試日を設定し、そこから逆算しながら合格する学力をつけていきましょう。そのために何をすればよいのか、時間はどれだけあるのか、常に意識することが大切です。残された時間の把握ですね。その上で、道のりの途中にある出来事に合わせて、目標や勉強の計画を入れていきましょう。

具体的に我が家では、夏休みを節目にして①夏休みまで、②夏休み中、③それ以降、と大きく分けて考えました。①〜③それぞれの期間で中期的な目標を設定し、勉強や準備の計画を立てました。

もし、このやり方では期間が長くて計画が立てづらいようであれば、全体のスケジュールは把握しつつ、例えば１カ月ごとに計画を立てても構いません。

Xデーまでの途中にあるポイントに対して目標を設定し、それを達成するために、必要なタスクを課して順にクリアしていけばよいのです。新しい目標やすべきことを順次追加して、きたるXデーに向けて受験プロジェクトは動いていきます。
この受験プロジェクト計画表に従って勉強を進めていけば、目標達成のために、すべきことがはっきりと見えます。やみくもに勉強するのではなく、自分が今、何のためにこの勉強をしているのか、この勉強がどこにつながっていくのか、自分で把握しながら進んでいけるというわけです。

（4）週単位のタスクを決める

最後に、計画表には1週間分の詳細なタスク（課題・作業）を書き込んでいきます。受験生は、その週のタスクをコツコツと勉強していくイメージです。まずは、各教科で使用する全てのツール、アイテムを書き出しておきましょう。

【例】今週のタスク
●英語長文読解　▲▲ページ進める
●国語　漢字ドリル　××ページまで

各教科の勉強ポイントや中期的目標、優先すべき課題などについては、親子で話し合いながら考えて決めていくといいでしょう。目標達成のために必要な具体的な勉強プランは、「○○してみたら」「こう思う」などと、私の考えをアドバイスしました。ただし、本人が自分の課題について自ら考えることが大切なので、細かいタスクについては、息子が自分で選んで決めるようにしていました。

このように個別の課題について、**「何（どのツール）」の「どこ」を「どれだけ」「いつまでに」勉強するのか、タスクを決めていく**のです。

こうして課したタスクを1個ずつクリアしていくことで、子どもは達成感を感じます。目に見える成果は、次へのやる気を起こさせます。学力が積み上がり小さな目標がクリアできれば自信がつき、それらが積み重なって、最後に、大きな目標を達成できるというわけです。

親子のやりとりでは、やらせようとするのではなく、**自発的にやろうと思わせること**がとても重要です。話し合うことで課題に気づかせ、解決方法を自分の頭で考えようとする姿勢が大切。こんなやり方はどうかと提案する、何かを助言することは必要ですが、決して強制することなく、自発的な選択、行動を引き出すように心がけましょう。そもそも「やれ」と言って「はい」と素直にやる年齢ではないですよね。

「やりなさい」とは、できるだけ言わないこと。

中学生なら反発や反抗心もある年頃です

勉強計画表③

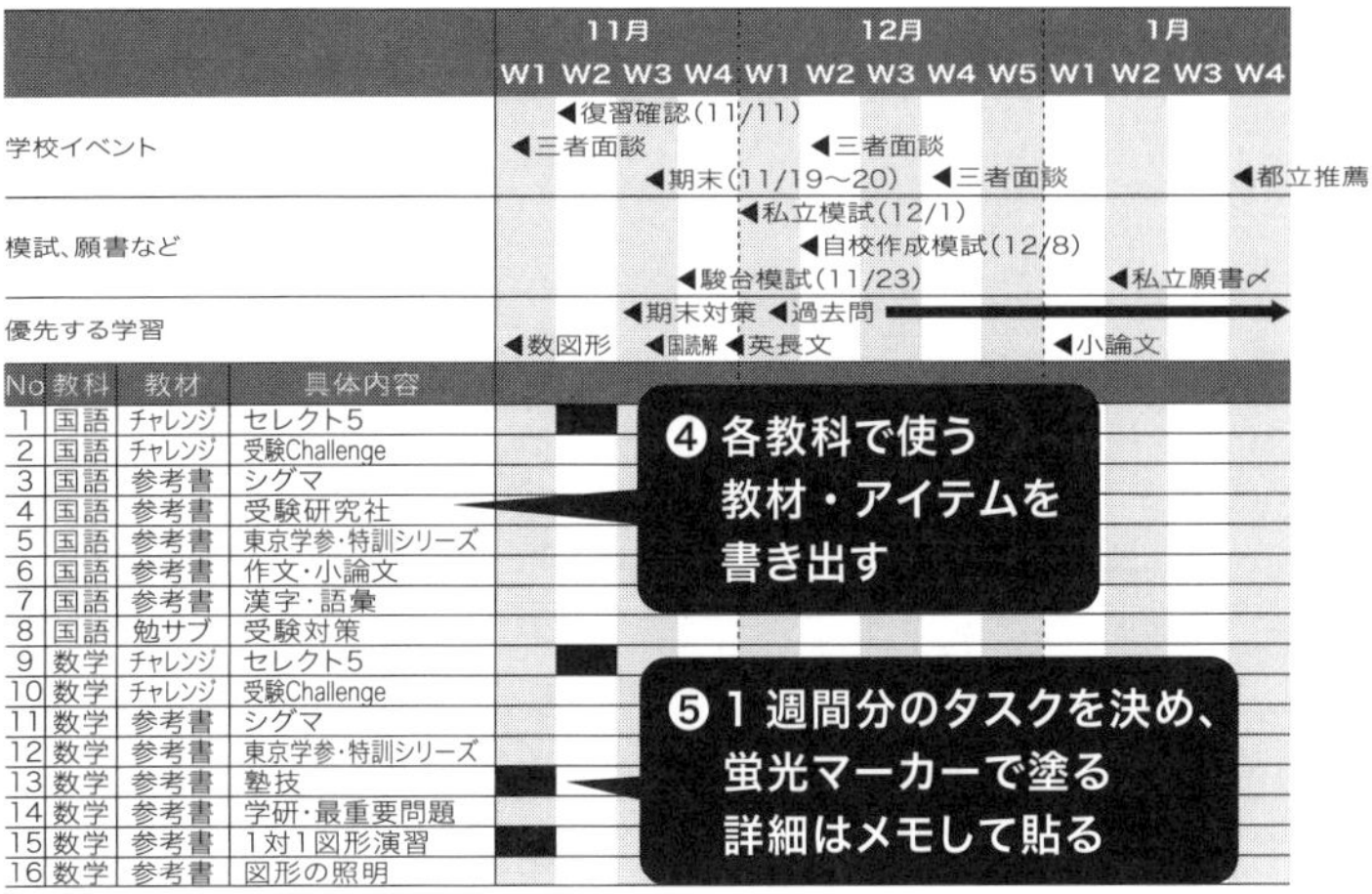

が、信頼関係があれば、子どもは親の言葉を大切に受け取るでしょう。子ども自身の受験です。そこから自分で考えて選び取る行為にこそ、塾なし受験をする意味があります。親はサポーターです。伴走することを常に意識しながら、抑えつけるような言葉は口にせず、見守ってあげましょう。

ここまでが、計画表の具体的な作成法になります。このやり方を参考にして、お子さんと一緒にオリジナルの受験プロジェクト計画表を作ってみてください。出来上がったら、勉強机の前に貼っておくことをおすすめします。

塾なし受験の計画表ができました。さあ、勉強を進めましょう。

入試日からの逆算を意識して、勉強や準備の計画を立てよう。

コラム 9

学校説明会事件!?

学校説明会の日程が重なったとき、夫婦で分担をしました。息子と私は公立高に、夫はある私立高校に参加しました。夫にお願いした私立は、自宅から近く通いやすかったため、念のため聞いておこうかな程度の考えでしたが、参加しておいてほしかったのです。

夫は、説明会での担当者の話ぶりや内容、その場の雰囲気に居心地の悪さを感じ、なんとサッサと切り上げて途中で帰ってきたそうです。夫の対処にはとても驚いたのですが、感じた校風が本当に合わなかったとのことでした。最後までいなかったことに少し異を唱えましたが、それほど私立高校にはクセがあるということです。幸い、入試日が第二志望校と同じだったのでその高校を受験することはありませんでしたが、親も子もできるだけ学校には足を運ぶほうがいいと感じた出来事でした。

説明会の日程が模試と重なって、説明会に保護者だけが参加する場合もあります。志望校選びは子どもの考えが最優先ですが、親の印象や意見も大切なアドバイスになります。

保護者だけで説明会に参加する場合も、きちんと話を聞いた上で、親のバイアスのかかっていない情報や印象を子どもに伝えられるようにしたいですね。

❸計画をチェック、軌道修正をする

プランを立てたら、計画を実行に移していきます。目標に向かって小さなタスクを完了させせながら、学力と自信を積み重ねていきましょう。

計画表に沿って勉強を進めていくと、理由はさまざまですが、新しい課題などが見え、立ち止まるべきポイントがやってきます。例えば、模試の結果を受けたとき、三者面談後、勉強がはかどらないときなどでしょう。実際には、計画通りにいかないのが当たり前。当初の計画は時間がたち受験勉強が進むにつれて、改善や追加すべき対策などが必ず見えてきます。そのときは軌道修正が必要です。躊躇せず、計画を見直しましょう。

実は、**作戦を見直し、計画を修正していくことが、塾なし受験プロジェクトを成功に導く鍵**になるのではないでしょうか。恐らく、最も計画の**見直しが必要となるタイミングは、模試の結果を受けたとき**です。模試については第6章で詳しく説明しています。後ほど読んでいただきたいと思いますが、模試は塾なし受験の必須アイテムです。模試を受けることで、主に①自分の学力の現状、②合格判定、③ライバル中の自分の立ち位置、などがわかります。

これらの模試の結果をしっかりチェックして分析する。まずは、自分で自分の学力を把握すること、実はこれがとても大切です。理解できている単元、理解不足の単元、ミスの傾向、自信のある領域、自分に足りない学力など、自己分析をしていきましょう。次に、そこから学習面の作戦や計画を考えていきます。模試の結果は進路選択の参考にもなります。模試を受けるたびに、自己分析をしてその後の対策を考えてください。

学力の現状を知れば、今後どのような対策が必要なのかを考えることができます。**現在の学力と目標とする学力の差をどうやって埋めていくか**、どうすれば得点を最大化できるのか、模試の結果を見ながら親子で考えていきましょう。模試の結果分析は、次の学習プランの策定につながっています。

学習面のポイント

- 弱点の発見
- 強化ポイントや理解度の確認
- 現状の計画・作戦の妥当性

模試の結果を受け、まず、得点がよりアップするために必要なプランやタスクの追加・修正をしてください。見えた課題に対しては、毎回対策をとるようにタスクを設定していきましょう。また、現在の学習の進め方がいいのか、他の方法はないかなど、その妥当性を判断できる場合もあります。

進路のポイント

● 実力分析することで志望校決定の参考に

合格判定や累積順位などから、自分の実力や立ち位置がわかります。息子も模試結果を分析して、最終志望校を選択しました（※模試結果の分析方法については、第6章を参考にしてください）。

模試が出す合格判定の%はもちろんですが、ライバルたちの中でどのあたりにいるかの数字（累計順位など）を目安に、ある程度、志望校合格の可能性を予測しましょう。受験生本人が、受験するかどうかを決める際に、同じ模試を受けた第一志望のライバル中での順位が見えることは大きな判断材料になります。

志望校の選択については、実際に通う可能性のある学校は足を運んでおきたいものです。併願パターンなども出る模試の判定を参考に、情報収集と学校見学などを進めつつ、受験校を絞っていきましょう。

このように受験した**模試の結果には、合格につながっていくヒントがたくさん隠れています。**模試は受けっぱなしにせず、間違えた問題を解き直すのは当たり前ですが、さらに結果の分析をすることで、次の目標や課題がまた見えてきます。ここでプランを見直し、新たに必要となった項目（目標・タスクなど）を計画表に追記していきましょう。こうすることで、計画はアップデートされ、入試に向かっていく受験生の学力も同じくアップデート（＝向上）されていくのです。

母「国語は前回より良くなったね。このまま漢字と語彙を増やしていこう」

息子「うん。次は数学をもっと頑張りたいな。あまり良くなかったから」

母「そうね……関数をもう少しとりたいね。苦手じゃないし、問題をたくさん解けば伸ばせると思うよ」

息子「関数の応用問題をもっとやりたい！」

母「よしっ、休日に新しい参考書を見に行こう」

勉強計画に、新しい関数の参考書と数学（関数対策）の時間が加わる。
⬅

一度立てた計画を、そのままやっていくだけではありません。学力の現状に合わせて計画を立て直していくことが重要。軌道修正をするために、どんどん親子で話し合ってください。得点アップに必要だと思うポイントを話し合い、意見や知恵を出し合って、目標達成のために計画をどんどん改善していきましょう。

塾なし受験を進めるということは、

プラン ⬇ 計画を立てる。対策を立てる。
ドゥ ⬇ 勉強する。模試を受ける。
チェック ⬇ 自己分析、実力分析、結果分析をする。
アクション ⬇ 計画や対策を見直す、立て直す。

これを繰り返して実践していくことが、志望校合格への道のりです。そして、その道のりを可視化するために、計画表はあるのです。

これは、受験に限らず社会人になっても同じことがいえます。目標に向かい具体的・計画的プランを立てて進め、途中で分析をして、軌道修正をしながら努力を続ける。すなわち、目標を達成するための行動＝生きる力が、受験を通して身についていくことになるのです。

受験後に待っているのは志望校合格だけでなく、「本人が生きる力を身につけて成長している！」。これが、塾なし受験プロジェクト最大の魅力です。

受験勉強は、戦略的に、計画的に、前向きに。

❹「塾なし受験」プロジェクト計画のまとめ

塾なし受験プロジェクト計画の立て方をおさらいしましょう。

①目標を設定する

↓

②日程や時期などの情報収集

↓

③計画表の作成

●日時・時期を入力 → 日程に合わせた計画

●中期的目標を考える → 目標に合わせた計画

●先取り学習など、その他の必要な勉強計画

↓

④週単位のタスクを設定

↓

⑤勉強を進める／模試受験

←

⑥学力を分析して、計画を見直し修正する・追加する

←

③から⑥を繰り返す

計画表を作成する上で必要な項目、内容は、

●現段階の学力 ↕ 目標とする学力

●各教科の対策ポイント

●目標達成までの具体的な学習プラン（月次、週次など）

途中で学力のチェック・分析をすることで、計画を見直し、修正や追加を入れていきます。これを繰り返すことによって、目標とする学力に到達できるよう受験勉強を進めていきましょう。

受験プロジェクトまとめ

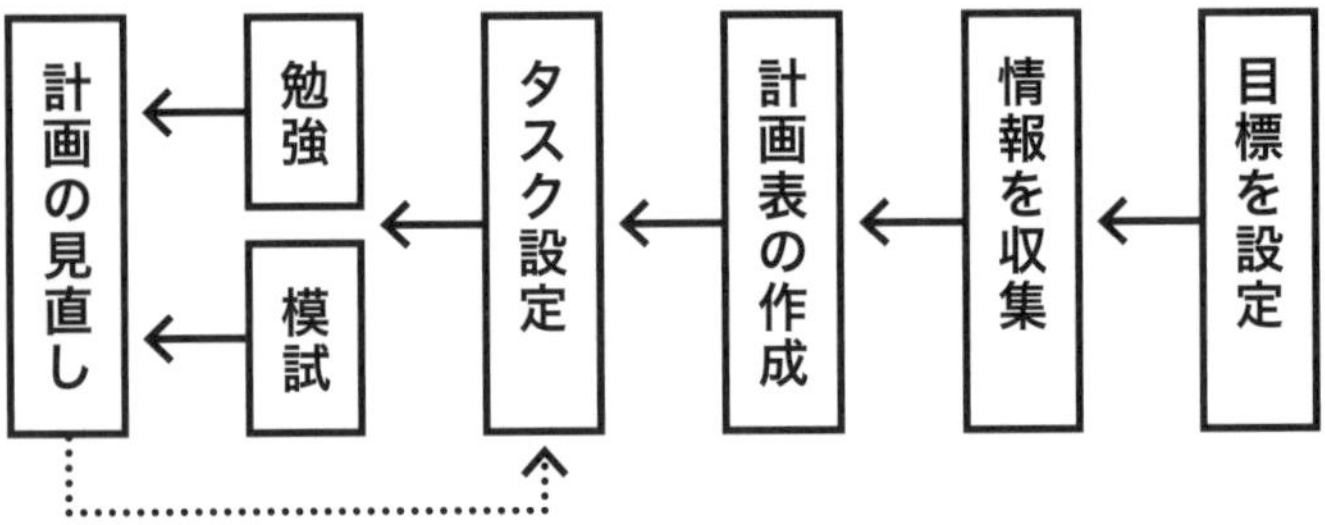

塾なし受験プロジェクトを進める上で最も大切なのは、**勉強は、計画的に、前向きに**することと。さらに、**計画は状況に合わせて修正**していくことです。きたるXデーへの道のりを可視化することが、具体的な進め方の最重要ポイントなのです。

特に、学習目標については、なんとなくの期限ではなく、スケジュールを「可視化する」ことが学力を高める上でとても大切だと感じました。**「いつ、何を、どこまでやるのか」**をクリアにして自分の目で勉強の進み具合を確認していくことが、継続する力を生み出し、学力をアップさせる秘訣です。

先ほども述べましたが、小さな目標をひとつずつクリアしていくことで、受験生には達成感と自信が積み上がり、それが最大目標である志望校合格につながっていきます。

計画表ができた後は、勉強の進捗に合わせ、本人は蛍光マーカーで塗りつぶすだけの作業にしました。勉強に時間を使いたいので、受験生が行う作業は簡単に済ませられるほうがいいでしょう。

人間の**成長には、自分の頭で考え、自分で選択することが必要**なのだと常々思います。それができる人間になっていくことが、生きる力をつけることです。自分の進路や未来に関わる大切なことは、なおさら人任せ（塾任せ）にせず、「自分で考えた行動をとっていく」ことが大切。それが積み重なって、力となり経験となって、本人が成長していくのです。

高校生になった今も、息子は定期テスト前に簡単な計画表を作っています。彼はいわゆる天才タイプではなく、コツコツ頑張る努力家タイプです。苦手な教科もあり、進学校ならではの難しい定期テストや日々の課題に苦戦することもあります。

目標を高くし、努力して入った学校なので、入学後は苦労するのではないかと少し心配していました。しかし、受験を通して自宅学習を続けてきたことは、予想以上に高校の学習においてプラスに働いているようです。「塾だけで勉強をしてきた子は伸びない」と言う高校の先生の話には一理あると思います。どのみち、高校では自宅学習が必要です。高校受験でそれをやってきたので、息子にはすでに必要な勉強習慣がついています。成績や学力を上げるには、何より計画性と勉強習慣が大切なのです。

とはいえ、まだゴールは先の話です。あくまでも高校は通過点にすぎません。高校球児として野球に没頭する毎日でも、受験の1年間で経験した自宅学習の要領で、勉強にも目標をもって高校生活を送ってほしいと思います。相談を受ければ一緒に考えますが、受験期と違って、今は伴走せずとも心配はいりません。給水ポイントで待つくらいの役割で大丈夫、自考しながら自分で走っていくでしょう。

❺受験は親の言葉かけ次第！　うまくいくサポートとは？

塾なし受験の場合、子どもは自宅で長く勉強するため、家や家族の状態が少なからず受験生には影響します。「勉強に集中できる環境を整える」ことが、親としての最大の役割です。もちろん、静かにしてあげることは大切なのですが、それだけではありません。気を使いすぎるとお互いに窮屈です。

塾なし受験は、日常の子育てに受験サポートを組み込む意識が必要です。そのため家の中は、リラックスできる雰囲気を保ち、普段通りに過ごしていました。息子の勉強中につい大声で話しすぎて「ちょっと静かにして」と、2階の部屋から言われたことが何度かあります。そうやって伝えることで修正する、気づき合える関係をつくっていくことが、コミュニケーションです。

塾なし受験の過程で密接な1年を過ごすなら、いつもピリピリしているより、楽しみながら頑張っていくほうがいいですよね。親の選ぶ言葉や声のかけ方、対応の仕方で、勉強に対する子どもの意識やモチベーションは大きく変わると考えています。親の心がけ次第で、受験期間をうまく乗り越えられるのです。

コロナ禍で、家族が家で過ごす時間が増えました。誰もがストレスを抱えやすくなっています。ついイライラして、子どもに対して言葉がきつくなってしまわないように気をつけましょう。コロナ禍の影響は受験生にも大きく、不安になることも多いでしょう。ストレスを抱えてしまわないように、注意深く見て寄り添ってあげましょう。

必要なコミュニケーションはしっかりとって、子どもの様子や学習進度を上手にチェックしましょう。過度に監視するようなことをする必要はありません。「何かあったら言ってね」というスタンスで見守っていくことも時には必要です。何でもやってあげようではなく、サポートする部分と自力でやってもらう部分、このバランスが大切だと思います。

私たちの受験期を振り返って、どんなことを意識しながら過ごしていたのか、列挙してみました。「受験生の親の心得」というほどではありませんが、こんなことを意識して過ごすと、上手なサポートができるのではないでしょうか。

受験生の親たる心得

①聞き上手になる。まず子どもの話を聞く
②強要言葉はNG、優しく、前向きに誘導する
③おいしいごはんを一緒に食べる
④家族仲良く、特に受験や勉強のことでけんかはしない
⑤頑張った努力を認めて褒める
⑥成功も失敗も、自分の経験を話す
⑦家は明るく、楽しく、笑いを絶やさず

我が家は、食事の時間を本当に大切にしました。食卓を囲んで、話し合うこともリラックスすることもできます。おいしいごはんは、元気の源です。時々「吉本新喜劇」を見て大爆笑もしました。お笑い番組を見て爆笑することは、心と体に絶対にいいと思っています。

何か参考になりそうなものはありましたか。子どもの性格や家族構成など、家庭のかたちや在り方はそれぞれです。自分たちが自然体で塾なし受験を続けられるよう、ちょっとした心がけや意識、家族や子どもへの思いやりが大切になります。ひとつの目標に向かって家族が互いに思い合い、力を合わせることで、家族の絆が強くなり、親も子も成長していけるのです。

子どものやる気は、親の心がけ・言葉かけ次第。

第5章

「塾なし受験」の教材・使い方

前章では、塾なし受験プロジェクトの進め方を説明しました。ここからは、「どんな教材を使って、どのように勉強したのか」という具体的な教材とその使い方について書いていこうと思います。本章でお伝えしたいのは、目的とレベルに合わせた教材をしっかり選び、うまく組み合わせて使いましょうということです。受験プロジェクトの作戦に合わせ、教材をうまく組み合わせることが得点力を上げるコツなのです。

塾なし受験の勉強を支える柱となった教材は、（※学校教材を除く）

①過去問

②参考書
③通信教材
④オンライン教材

それぞれの教材の特徴を生かし、受験勉強のシーンに合わせて使っていました。塾なし受験勉強は「適教材適所」、教材を組み合わせて効果的に使うことが大切です。

塾が「受験のデパート」だとすれば、塾なし受験は「商店」での買い物です。デパートがあつらえたもので買い物を完結するのではなく、必要なものを商店や時にネットで集めていくイメージ。私たち受験生側に多くの選択肢があります。しかしその半面、選択が難しいともいえます。

①過去問と模試は、受験にはマストです。過去問については、受験予定の学校の他に、候補になった学校や偏差値レベルが同じ都立高校なども実践練習のために解きました。
②参考書は、弱点の補強や強化したい部分をピンポイントに狙える便利アイテムです。目的

とレベルに合わせた参考書をきちんと選びましょう。参考書の具体的説明は後ほどします。

③通信教材についてはは慣れていたこともあり、小学生から使っていたものを中学校でも継続していました。定期テスト対策としてまとめられた号は、使い勝手がよかったと感じています。

④最近は選択肢が増えたオンライン教材。出始めた当初は、その手軽さ・低価格に「これは塾なし受験勉強のお助けアイテムになる!」と驚きました。主に、先取り学習や授業のフォロー、苦手意識のある単元の理解を深めるような使い方をしました。

このように、教材はそれぞれ登場するシーンが違います。この章では詳しい勉強法や使い方をひとつずつ説明していきますので、うまく使い分け・組み合わせながら、受験勉強を進めていきましょう。

❶定期テストは「きちんとやる」が正解

最初に、授業や定期テストなど学校の勉強をどのように進めていったか、また、受験に大きく関わる内申点の説明をしておこうと思います。

塾に通わない子にとって、学校の定期テストは成績の大きな指標のひとつです。当たり前のことですが、都立・県立など公立高校の入試は、中学校で学習する範囲から問題が出題されます。ただ、私立校は、学校によっては試験の出題範囲が広い場合もあり、少し話が違いますので気をつけてください。

では、高校受験にとって、なぜ定期テストが重要なのか？

▼高校入試は内申点を使うため、定期テストにしっかり取り組めば内申点の獲得につながる。
▼高校受験の合格は、学校での勉強の延長線上にしかない。

導入編にも書きましたが、中学校では、中間、期末、学年末テストという定期テストが、年間4〜5回行われます。中学校の成績は、定期テストの結果を中心に総合的に評価されていますす。内申点と学習の積み上げ、という二点において、定期テストは高校受験にも関係しているといえます。

東京の都立高校入試は、中3の1、2学期の5段階評価の内申を提出し、入試の得点に加算する方法なので、定期テストでしっかり得点をして、成績（内申点）を上げていくようにしましょう。公立高校は、各都道府県の教育委員会で内申点の扱いが決まっていて、実はその扱い方はバラバラです。受験予定校の内申の扱い方を確認しておきましょう。内申点についての説明は、導入編の第3章を参考にしてください。

【例】その他、公立入試の内申点（2020年度現在）

●神奈川県 ⬇ 中2の9教科の単純合計と中3の2学期の内申を2倍にした合計点（135点満点）。

●千葉県 ⬇ 中1、中2、中3の各学年の合計の135点満点。これに各校内申比重の換算を行う。

●大阪府 ➡ 中1、中2、中3の各学年9教科合計。内申点への換算は中3が重視される。比率は、中1：中2：中3＝1：1：3。

このように換算比率など条件は違いますが、3年間の成績を内申点として扱う都道府県もあるので、その場合は、早いうちから内申を意識することが必要ですね。

定期テストは、学力の定着度を測るためのものです。定期テストのたびに、勉強を積み重ね内容を理解していくことで、学力がコツコツ積み上がるでしょう。受験前に慌てて勉強をし直すことを避けるためにも、定期テストを毎回大切にしてください。

中3になるまでは、受験はまだ先だと思いがちですが、年数回の定期テストに対し丁寧に勉強していくことは、実際に受験勉強になっています。中3最後の大きなテストである入試につながっていくのです。

定期テストはしっかり取り組む。

授業や定期テストは、基本的に学校の教材を中心に勉強できますが、授業のフォローアップと定期テスト対策には、通信教材＋オンライン教材を組み合わせていました。「進研ゼミチャレンジ」と「スタディサプリ」です。

学校の授業でわかりにくかった部分や、理解を深めたい単元は、オンライン講義を見て授業内容を確認しました。通塾するスタイルでなくても、今は自宅でオンライン授業を受けることができます。機器や通信の環境が整うのであれば、うまく使っていきましょう。

また、ユーチューブの無料動画配信サービスを使ってもいいでしょう。例えば、葉一《はいち》さんの「とある男が授業をしてみた」は有名ですね。公式サイト「19ch（塾チャンネル）」には授業テキストが無料で掲載されています。

オンライン教材で、授業をフォロー。理解不足を解消。

定期テスト前

国語と社会は、通信教材と学校のワークやプリントを中心に勉強する。

英語・数学・理科については、さらに参考書も併用する。

●**『中学定期テストの対策ワーク（中3）』（旺文社）**

学校のプリントやワーク、通信教材で勉強したことを再確認するため、定期テスト対策に購入した参考書です。同様の参考書がいくつか出ています。

このように、学校の授業と定期テストの対策は、いくつかの教材を、用途別に組み合わせて活用するとよいでしょう。我が家はスタディサプリ（有料）を使っていましたが、今は無料の動画配信も増えました。塾なしでも塾に負けないくらいわかりやすい授業動画が無料で見られるのです。自宅学習をするにはもってこいの時代になりましたね。

組み合わせ例

●授業の復習&確認＝オンライン動画
●定期テストに向けた勉強＝学校のワーク・プリント・自分のノート＋通信教材

●定期テスト前の確認＝通信教材＋参考書

勉強可能な環境があるにもかかわらず、「自宅では勉強に集中ができない」という子どもは意外と多いようです。場所を変えることで勉強モードになる子、自宅では誘惑に負けてしまう子、勉強とリラックスの場所を分けたいなど、理由はさまざまです。

たしかに、大人もリモートワークが増えて、仕事とプライベートの区切りが難しいと感じている方はいるでしょう。自宅での勉強も仕事も、本人の意志と集中力、そして気が散る原因を取り除くことも必要です。

誘惑があっても、優先順位をつけられる。信念を持って誘惑に負けず行動できる。

これができれば一人前。自宅学習ができる子は、自分を律することができる子なのです。

勉強するときはする。でも、必要なときにリラックスもできる。

中学生でも自分でメリハリをつけ、時間管理をすることが重要。オンとオフの切り替えができる受験生になれれば、社会人になっても大丈夫でしょう。

そして、勉強することは大切ですが、勉強するだけでは偏った大人になるように感じています。「知性」と同じくらい「人間力」が大切。どのように知性を使って生きていくかは、本人の志にかかってきます。受験期は勉強ばかりでも仕方ありませんが、親としてはその人間性の部分をしっかり育てていきたいですね。勉強だけでなく、好きなことや没頭できる勉強以外のことがあるほうが、人生は豊かで楽しいものになると思いませんか？　受験を通し、勉強だけでなく人間的にも成長できる塾なしのスタイルを、多くの中学生が取り入れてくれたら、と考えています。

内申点を上げるには？

内申点は定期テストの点数だけでなく、授業中の取り組みや提出物なども評価に影響します。特に「関心・意欲・態度」などの観点項目は、定期テストではなく、普段の授業や提出物で評価されている場合が多いです。

内申点を上げたいとき、ひとつのポイントになるのが、5教科以外の実技4教科「音楽、美術、保健体育、技術・家庭」です。これらの教科の観点については、授業や提出物で評価される内容が多くなっています。もし実技が苦手でも、授業にまじめに一生懸命取り組んでいれば、評価につながることもあるでしょう。その他、宿題やレポート、作品などの課題は、必ず期限を守って提出しましょう。

もちろん、実技教科のペーパーテスト（定期テスト）も対策をしましょう。観点表を参考にすると、技術家庭や保健体育の観点4番目にある知識や理解は、定期テストで評価されやすいでしょう。実技教科の知識は暗記が多く、やっておけば当然点数が取れるため、捨ててしまうのはもったいないです。

授業でとったノートやプリントは、最低限確認しておきましょう。時間をかけすぎず、手を抜きすぎず、うまく勉強することをおすすめします。通信教材には、実技の要点まとめ集などもあります。コンパクトにまとまっているので、便利に活用できます。

実技教科はテストに加え、普段の授業での姿勢や、提出物を怠らないことが大切。東京都の公立入試における内申の扱いは、実技教科は評定が2倍になりますから、内申を上げたい受験生は、日頃の授業に積極的に取り組むのも一手です。

実技教科は、授業が大切。

例えば、開成や早慶など私立の最難関高校は、入試問題の幅が広く、中学校の学習範囲以外の問題も目にしますので、定期テスト対策が合格につながるとは言い切れません。しかし、東京都立の共通問題や自校作成問題、その他の私立高校を目指す受験生は、まず定期テストに合わせて学習習慣を身につけ、目に見えるかたちで学校の成績

実技教科の観点表

教科	観点1	観点2	観点3	観点4
音楽	音楽への関心・意欲・態度	音楽表現の創意工夫	音楽表現の技能	鑑賞の能力
美術	美術への関心・意欲・態度	発想や構想の能力	創造的な技能	鑑賞の能力
技術家庭	生活や技術への関心・意欲・態度	生活を工夫し創造する能力	生活の技能	生活や技術についての知識・理解
保育体育	運動や健康・安全への関心・意欲・態度	運動や健康・安全についての思考・判断	運動の技能	運動や健康・安全についての知識・理解

アップを狙う。定期テストの対策をしながら、中学の学習範囲の積み上げをしていくことが、やはり受験に確実につながってきます。

一般入試に限っていえば、私立高校は、内申点の扱いは各校異なりますが、都立・県立を目指す受験生にとっては、当日の入試の結果に内申点が加算されるので、中学校での定期テストの対応が合格のポイントにもなりうる、といえるでしょう。

内申点を上げたい場合のポイントは、
①定期テストにしっかり取り組む
②実技4教科は、授業態度と提出物も大きく評価対象になる

「5教科以外は受験に関係ないからと明らかに態度に出し、手を抜く生徒がいます。そういう生徒の印象はあまりよくないですね」(ある実技教科の先生の話)

先生も人間ですから当たり前です。たとえ苦手な教科であっても、中学生らしく頑張っている子を先生は見てくれていると思います。

実技の授業は手を抜かないよう話しておく
苦手な教科は特に、提出物の声かけをする
もし実技が苦手なら、ペーパーテストを頑張るように促す

親としては、子どもの実技教科に対する意識や考え方についてアドバイスしておくといいでしょう。東京都の場合、中3時の内申点が入試に加算されるため、中2まで評価がよくない実技教科についてはは、「苦手（授業があまり好きじゃない）かもしれないけど努力してみよう」と話してみましょう。

提出物は、出し忘れているものがないか聞くだけでも確認になります。提出期限に厳しい先生もいますから、抜けがないように時々声かけするといいですね。

息子は美術が苦手でした。中学1、2年時の評価は「3」。創作活動に苦労していましたが、丁寧に取り組む姿を見てもらい、中3で美術は「4」になりました。

❷ 参考書はポイント学習に活躍する

参考書は、上手に使うことで各教科の補強や強化に、ピンポイントに対応できる優れたアイテムです。模試やテストの結果からどこを補強したいか、何を強化したいか、まずは得点アップの作戦を考えます。その対策ポイントに必要な参考書を選んで、勉強を進めていきましょう。

参考書を使うことで学習のポイントが明白になり、今、自分は何のための勉強をしているのかがわかります。自分が伸ばしたいと考えている学力を明らかにして対策を立て、必要なタスクを作って勉強していきましょう。

参考書選びのポイントは、

目指すレベルや目的に合わせて選ぶ。

例えば、評判のいい参考書であっても、本人のレベルに合っていなければ意味がありません。目指すレベルや教科ごとの目的に合わせて、チョイスしていきましょう。

塾なし受験勉強で、息子用にアレンジした参考書の存在は大きかったと思います。得意・不得意のある各教科で、弱点をどのように補強していくのか、私が受験サポートの中で、時間をかけたと感じるひとつが、書店での参考書選びでした。

書籍はネットで簡単に購入したいところですが、参考書は手にとって内容を見比べたほうが、より本人のニーズに合ったものを探せます（あくまでも息子のニーズです）。もちろん、ネットのレビューや評判は参考にしましたが、最後は、書店で中身を見比べて確かめてから購入しました。

弱点が違うともちろん、必要な参考書は違います。「参考書選び」という細やかなサポートは、保護者にしかできないことかもしれません。では、息子が活用した参考書を例に挙げておきましょう。まずは、活用したシリーズです。

※具体的な参考書名を記載していますが、これらはあくまでも個人的に必要な参考書として活用したため、幅広く受験生におすすめしているものではありません。

●『シグマベスト　最高水準問題集』（文英堂）

各単元とも入試レベルの標準問題から最難関レベルの難問まで、段階的に解いて実力を伸ばす2段階構成になっています。精選された良問が豊富で、段階的に解いていくことで実力がつき、応用力も身につきます。シグマベストシリーズは、5教科全てで活用しました。受験を終えて聞いてみたとき、使用した本人の評価がとても高かったシリーズです。

シグマベストには、『最高水準特進問題集』『最高水準問題集　高校入試』もありますが、こちらは国立・難関私立高校入試突破を目標とした問題集で、私立難関校で出題される学習指導要領の範囲外の難問も掲載されています。息子は志望校に合わせ、前述の『最高水準問題集』を選択しました。同シリーズには、頻出・基礎問題を集めた『高校入試対策問題集』もあります。

●『高校入試特訓シリーズ』（東京学参）

特訓シリーズは、国数英3教科を活用しました。英語長文、国語古文、国語融合、数学の図形関数などがあります。

中でも、『国語　融合問題完全攻略30選』、『数学　図形と関数・グラフの融合問題完全攻略272選』、特にこの2冊は、息子の受験対策にはとても実用的でした。東京学参には、標準レベルの『公立高校入試シリーズ』もあります。

続いて教科別に、参考書の使い方例を挙げておきます。

国語

苦手意識の強かった国語。受験予定校の国語の入試は簡単ではありませんから、本来は難しい問題にチャレンジしなければなりません。しかし、国語の学力が低いのは、基礎ができていないからだと考えました。そこでまず、漢字と語彙力を基礎から始めることにして、高校入試向けのスタートドリルを選びました。

- **『くわしい問題集　漢字・ことば』（文英堂）**
- **『こわくない国語　文法・漢字・ことば』（くもん出版）**
- **『高校入試でる順　漢字問題の征服』（旺文社）**

評論文や小説を読む場合、漢字や言葉の意味を知らないとうまく読めません。音読させてみると読み間違えやイントネーションが違うことがあり、言葉を知らないのだとわかります。知らない単語がたくさん出てくる文章を読解することは、当たり前ですが難しいでしょう。

漢字・言葉の参考書を4冊、隙間時間に学習するタイプの漢字と語彙の単語帳を1冊ずつ使って、しばらく基礎力アップを目指しました。漢字は、時間をつくりやっていくと必ず力はつきます。漢字で引っかかるのは、今までやってこなかったからです。読書をしてきたお子さんは問題ないかもしれませんが、あまり活字を読まずにきた受験生は、まず漢字と言葉の対策をしましょう。

漢字と言葉の補強がある程度できてから、標準レベルからハイレベル両方の長文読解参考書に挑戦しました。文章をとにかく読み、設問を多く解くことで、選択肢や問題の傾向にも慣れることができます。もちろん、隙間時間の漢字・語彙対策は、入試直前まで行っていました。

さらに、国語の得点アップ対策としては、できるだけ古文の点数を落とさないようにすることも目指しました。なぜかというと、本人の現代文の読解には波があって、得点力がどうしても読めないためです。出題文のジャンルによって、読みやすい文章と難解な文章に分かれてしまうのだと思います。

国語の力は一朝一夕にはつかない、というのが本音です。本人が全く知らない世界について書かれた文章は読解が難しい。日頃から好奇心を持ち、アンテナを張って視野を広くしておくことは、実は国語力につながっている、読解力の前の下地をつくっておくことも大切ですね。

古文も漢字と同じく、単語帳などを使って単語力と文法の基礎を固めました。古文は覚えるべきことをきちんと覚えれば、点数は上がります。基礎力をつけてから、標準的な古文・漢文の問題集に取り組みました。古文は併願する私立校も出題があったので、受験校の特徴的な問題は、過去問を使って対策をしました。

また、都立国立高校の国語は、大きく三つの問題があり、その三番目が「融合問題」です。融合問題とは、現代文と古文を融合した問題で、近年の都立自校作成入試問題のトレンドになっています。対策として、先述したシリーズの融合問題の参考書を1冊、その後は、過去問数冊で対策をしました。過去問については、後ほどお話ししようと思います。

【例】国語の対策ポイント
●漢字・言葉の学習で基礎固め
●評論文・小説ともに選択肢に慣れる
●古文と融合問題の対策

息子の場合は、これらの対策ポイントを可能にする参考書選びを意識しました。参考書はどれがいいのかわからない場合、実は、目指す学力の目標や本人の強化ポイントが明らかになっていないことが原因かもしれません。参考書を何のために使うのか、その目的をしっかり把握しましょう。

国語には、漢字、語彙、現代文（評論・小説）、古文、漢文、融合問題とあって、各自の受験に合わせ対策は分かれます。どの部分を補強したいのかを明確にして、ピンポイントで参考書を活用してください。本人に必要な学力と対策を意識しながら、参考書を選んで勉強を進めましょう。

数学

数学は、計算問題、方程式、関数、図形（平面・空間）、確率などの単元から、各学校の出題の傾向がはっきりしています。よって、志望校に合わせた対策がとりやすい教科です。息子の場合、数学で補強したかった領域は、平面図形、作図、関数でした。これらの問題でしっかり点数をとる作戦を立て勉強を進めました。反対に時間は限られているため、苦手な空間図形にはあまり時間を割かない作戦にしました。

使用した参考書例：

- 『シグマベスト　最高水準問題集　数学　中3』（文英堂）
- 『塾技100　数学』（文英堂）
- 『数学　図形と関数・グラフの融合問題完全攻略272選』（東京学参）
- 『高校入試の最重要問題　数学』（学研）
- 『国立高校・難関私立高校入試対策　上級問題集　数学』（旺文社）
- 『中学数学　図形の証明がらくらく解ける。』（学研）
- 『数学　作図の問題』（くもん出版）

こうして並べてみるとわかりますが、標準からハイレベルまで、さらに図形や作図といったポイント対策の参考書があります。これらを使い、量を重視して標準から応用まで、数多くの問題をどんどん解いていく作戦でした。通塾せずに定期テストの勉強だけで中3まできたので、入試的な実践問題は経験不足だったと思います。そのため、数をこなす意識で問題に挑戦していく必要があると考えました。

数学はまず、問題をたくさん解いていきました。定期テスト対策だけをやってきた息子が今まで解いた問題数は、塾に通うライバルたちに比べると圧倒的に少ないだろうと考えたからです。

例えば、計算問題は速く正確に解けるよう、とにかく問題数をこなしていく。方程式や図形、関数についても、頻出問題は全て解いてみる。間違えたら、**自力で解けるまで繰り返し演習**する。

このやり方で、標準問題は解けるようになりました。良問をどんどん解いて問題に対する経験値を上げていくと、標準レベルだけでなく応用問題についても徐々に正答が増えてきました。

数学は単元ごとに理解すればよいというわけではありません。中1・中2の内容・知識をもとにして解く、いわゆる積み上げのつながっている教科です。以前の学習内容を理解できていないと、その次もわからない。そのためにつまずいてしまい、数学は苦手と感じている子もいるでしょう。数学ができるようになるためには、**積み上げと反復が大切**なのです。

息子を見ていて、数学は反復の教科だと実感しました。できなかった問題を繰り返しやることで力がつき、応用力も養われていきます（すでにできる問題は、時間がもったいないので反復する必要はありません）。

ただし、応用問題や難問は、途中、行き詰まってしまいました。そこで、息子は数学の先生に勉強の仕方を尋ねました。すると、

「時間はかかってもいいから、解答を見ずに最後まで自力で解き切るようにしてみては」

と、アドバイスをもらいました。そこからは、数をこなしていく作戦から、じっくり自分の頭で考えて問題を解き切る練習を意識しながら勉強を進めました。

ここでポイントがひとつ。息子は、苦手な空間図形の発展問題はほとんどやっていません。

どの領域で得点したいのか、必要な部分をしっかり勉強するためには、捨てる問題の見極めも大切になります。参考書などには時々難問が出てきますが、自分が強化したい領域でない場合は、やらない勇気も必要です。特に平均点を目指したい場合などは、すべてをやるのではなく問題を見極めて取り組みましょう。

数学の参考書は、解答部分が分厚く、解答・解説にページを多く使っているものがおすすめです。ただし、解答を見ても独学で理解できない問題は、必ず数学の先生に質問して教えてもらいました。こうして良問を多く解き、考え方・解き方の引き出しをたくさん持てるように勉強を続けました。

何より受験勉強を通して解く楽しさを知ったようで、以前より息子は数学を好きになりました。「学びたい」という知的好奇心が育ったことをとてもうれしく思っています。これは、受験勉強を通して、本人が、本来そうあるべき主体的・知的欲求から学ぶ力をつけられたということに他なりません。これは、絶対的に成長できた証しです。

英語

英語は、英単語・熟語の学習に加えて、まずは英作文の対策をしました。なぜなら、英作文は、ミスなくきちんと作文できれば、高得点が狙える問題だからです。英語の得点アップには、英作文対策が必要だと考えました。

英作文の採点は減点方式で、誤ったスペルや文法はマイナス（減点）されます。そのため、難しい単語や言い回しを使わずに、例えば、中1のレベルの文法・単語だけを使っていたとしても、解答として正しければ満点がもらえます。知っている単語と文法だけで英作文をしっかり書く練習をしておくことが、高得点を狙うポイントです。

使用した参考書例：

●**『高校入試スーパーゼミ［英作文］』（文英堂）**

シグマベスト・スーパーゼミシリーズの英作文用です。この参考書は、①英作文を書くための文法ルール、②基本単語の英作文、③テーマ別演習の自由英作文、と目的別に3章に分かれています。

目指したレベルは③のテーマ別の自由英作文でしたが、段階を踏んで学習することで英作文に必要な力をつけられたと思います。近年の入試問題では、条件つき英作文の出題が増えているため、その条件英作文に対応する力を段階的に学習していくことができました。

次に長文読解ですが、シリーズで活用した「最高水準問題集」を中心に勉強しました。

使用した参考書例：

●『シグマベスト　最高水準問題集　英語　中２・中３』（文英堂）
●『ハイクラステスト　中学　英語長文』（受験研究社）
●『高校入試特訓シリーズ　英語長文難関攻略30選』（東京学参）など

基礎固めとリスニング対策に、音源を聞く参考書も中３の早い時期に活用しました。

●『ハイパー英語教室　中学英語長文２［入試長文がすらすら読める編］』（桐原書店）

これは音読・ディクテーション用のＣＤつきで、都道府県公立高校入試レベルの長文を制限時間内に読む訓練ができます。２００字程度の長文問題で、単語や語句を聞いて書き取るディクテーション（穴埋め）ができるので、書きながら耳から音で英語を学習できる他、音読することでも覚えていくスタイルです。中学レベルの英語は、手と耳と口を使って学ぶ方法がよいでしょう。

基礎固めができたらどの参考書でもよいので、次は制限時間を少し短めに設置して、速く正確に長文を読む訓練を意識的に取り入れましょう。息子もそうでしたが自宅学習の場合、ついついのんびり解きがちです。入試は時間との戦いなので時間を必ず意識して、本番よりも短い時間設定で練習をしておくほうがいいでしょう。

長文読解は、最終的に多ジャンルの英文を読んでおくほうが入試にはプラスになると思います。長文の内容によっては、たとえ日本語であってもわからない（知らない）ジャンルだった場合、英語で読み解くことがかなり難しくなります。

また、これは使用した本人の感想ですが、「特訓シリーズ」の英語長文は、難度の高い問題が多く、当時の息子の目標には必要のない参考書となりました。やはり、参考書のレベルの見極めは重要だと感じました。あまりに難解すぎる参考書は、英語嫌いになるのではないかと少し心配しました。

難関私立高校などの問題は、英語のレベルに加え、内容も文学・物語的なものから時事・社会的なもの、自然科学などの論説文まで幅広く難問が多いです。それらを収録したハイレベルな参考書を使うのか、それが必要かどうかきちんと受験生本人が確認し、相談しながら決めましょう。

英語は単語を知っていることが強みになります。隙間時間を使って英単語をひとつでも多く覚えることも忘れないようにしましょう。

理科

中3になると、中1など早い時期の学習内容を忘れてしまっていることがあります。単元が独立している理科はその対策が必要なので復習をしました。自校作成問題の都立入試でも、理科と社会は共通問題です。苦手な単元を作らないように、中学の全履修範囲をひと通り対策しました。

「天体」は中3後半の学習内容で、息子は学校で授業時間が少なくあまり学習できなかったようでした。加えて、先取り学習が不十分だったため、実際に都立の共通入試で出題され、あまり得点できませんでした。結局、理科は得点が思ったほど伸びなかったこともあり、取りこぼしの単元ができてしまったことを反省しました。

このように数学と同様に、理科も先取り学習が必要な場合もありますので、授業の進み具合や入試の出題傾向などに注意してください。

使用した参考書例：

●『シグマベスト　最高水準問題集　理科　中1・中2・中3』（文英堂）

中1から中3まで、各単元とも標準的な問題と難関校レベルの2段階構成になっていて、段階的に実力をつけることができます。全単元を復習しながら力をつけていくイメージで活用しました。

社会

社会も理科と同様、早い時期の学習内容を復習する必要がある場合もありますが、理科と違い、時間的な流れの中で覚えていることも多いでしょう。ひと通り、中学の全履修範囲を復習しておきましょう。

使用した参考書例：

- **『ハイクラステスト中学　社会（地理・歴史・公民）』（受験研究社）**
- **『シグマベスト　最高水準問題集　地理　中学1・2年』（文英堂）**
- **『シグマベスト　最高水準問題集　歴史　中学1〜3年』（文英堂）**

受験研究社の『ハイクラステスト中学　社会』は、中3の地理・歴史・公民の学習内容を1冊でひと通り対策できます。また、中1中2の復習が巻頭にあり、学習内容を整理することができます。

また、『最高水準問題集　歴史』は時代順の問題と分野別の問題の2構成になっており、総復習や受験勉強の仕上げに最適でした。

都立をはじめ、公立高校の社会の入試では、年表や地図、写真、史料など資料から読み解く問題の出題傾向が高まっています。知識を覚えるだけでなく、こうした問題に慣れるように参考書を活用して対策をしました。同じような構成・内容の参考書は、他にもたくさんあると思います。使用した参考書例はあくまでも参考にして、受験生本人に合った参考書を購入してください。

もう一点、理科と社会については、入試直前の1週間ほどで全範囲の復習、仕上げをしました。入試直前に購入する参考書があるとすれば、このような短期間で総復習ができるタイプがおすすめで、同じような参考書はたくさん販売されています。

使用した参考書例：

●『高校入試　中学3年分まるごと総復習　理科』（文英堂）
●『高校入試　中学3年分まるごと総復習　社会』（文英堂）
※ともに10日でできるタイプ

ここでお伝えしたかったのは、目的とレベルに合わせた参考書をしっかり選びましょうということ。補強したい部分の作戦に合わせて参考書をうまく組み合わせることが、得点力を高めるコツです。

もし購入後、使い始めてからレベルが合っていないと気がついた参考書は、買ってしまったのでもったいないような気はしますが、すぐに使うのをやめましょう。我が家も購入して失敗だったと感じた参考書がありました。息子には、「時間がもったいないのでやらなくていい」と声をかけました。入試日までにできることは限られます。本当に必要な勉強をする時間しかないと心得ましょう。

紹介した参考書は我が家で活用した中の一例ですが、息子の受験プロジェクトに紐づいているものですから、高校受験に広くおすすめしているわけでは

実際に使った教材のレビュー

教材	用途・目的	使用時期	本人レビュー
スタディサプリ	授業動画（補講・先取り学習）	通年、主に中3夏休み	★★
チャレンジ	定期テスト対策	各学年テスト前	★★
参考書	苦手補強・単元強化など目的別対策	模試受験後やタスクごと	★★★
過去問	志望校対策	中3秋以降	★★★

ありません。受験生それぞれの受験プロジェクトが違うため、必要な参考書が違うのは当然です。

たくさんある参考書から必要なものを選び取る作業は時間がかかります。目的に合わせ、本人に合った参考書を選ぶために、保護者のみなさんは、参考書選びをヘルプしてあげるといいでしょう。

例えば、有名な塾の先生がおすすめしていても我が子の受験に必要なのか、有効かどうかはわからない、ということです。書店で中身を確認して、本人が選ぶのが一番です。受験生それぞれに必要な参考書は違うことを心得て、参考書選びをサポートしてあげましょう。

参考書は1冊1000円程度、シリーズでそろえても1カ月の塾代以下で済みます。受験生それぞれの受験プロジェクトに合わせ、しっかり活用してください。

参考書選びは、目的とレベルが大切。

❸ 過去問は実践的参考書である

過去問は、必ず解きましょう。模試と同様、受験のマストアイテムですが、過去問については「どれがいいのか」「いつからやるのか」などの疑問がよく聞かれます。経験からわかったことを挙げてみましょう。

どの過去問がいい？

高校入試用の過去問には、

- **『□□県公立高校 スーパー過去問』、『〇〇高等学校 スーパー過去問』（声の教育社）**
- **『〇〇高等学校（都道府県）』、『□□県公立高校』（東京学参）**
- **『〇〇高等学校入学試験問題集』（教英出版）**

などがあります。違いは、収録している年数や解説、価格などです。その他に、解答用紙が別冊かダウンロード式かの違いもあります。

過去問は、早いものだと5月以降から発売され始めます。夏頃にはたくさん書店に並びますので、どれが良いか中身を確認してみてください。内容は過去問ですから、大きな違いはありません。実物を見て使いやすそうなものを本人が選びましょう。息子は、『声の教育社シリーズ』を活用しました。

また、各都道府県の公立高校、東京都立の各自校作成問題校、一部の私立高校の入試問題は、各高校や塾、まとめサイトなどのウェブサイトに掲載され、無料で公開されています。出題傾向を見たい場合などは活用でき、データをダウンロードしてプリントアウトすれば、過去問に挑戦できます。候補の学校である場合は、無料で公開されているものを確認してみることもおすすめです。

いつやる？

過去問はいつ始めればよいのでしょうか。

入試問題は中学の全履修範囲から出題されるため、先取り学習も含め、本人がひと通り全範囲の学習を終えてから、がよいでしょう。逆にいうと、全範囲を終えていないと過去問に取りかかれない、ということになりますね。夏休みに先取り学習ができれば、過去問も夏休み以降に取り組めるということです。

一般入試は早ければ1月末から始まります。過去問を始める時期としては、遅くとも中3の2学期には始めたいと考える受験生が多いでしょう。塾では、夏には始めているでしょう。また、時間のできる冬休みは、受験校の過去問を中心に勉強することもおすすめです。

この場合、学校での未履修範囲が問題になってきます。息子の場合も、中3の12月時点で未履修の範囲がありました。公立中学生が過去問を始める際には、「中3後半の授業の先取り自学習が必要になる」ということです。

塾ではもちろん先取り学習が早くから行われ、夏以降は入試対策をしているでしょう。塾なし受験の場合もできれば、先取り学習は、夏休みなど時間があるときに計画的に済ませておくと、後半の勉強スケジュールにゆとりが持てるでしょう。

特に数学と英語についてですが、中3の履修範囲のうち次の領域は入試問題でもよく見かけます。2学期末の時点で未履修の場合は注意が必要です。過去問にとりかかる前に、必ず先取り学習をしておきましょう。

●数学：円周角の定理／三平方の定理
●英語：現在分詞・過去分詞／関係代名詞

志望校の過去問は、遅い時期に初めて取りかかっては対策が立てづらいと思います。直前にリハーサルのように挑戦したい場合も、例えば1年分など解きたい分量を残して始めておくほうがよいでしょう。**志望校の過去問は、先取り学習を終え、「できるだけ早くから繰り返し解く」**ほうが、志望校対策になります。

また、過去問を解いた自己採点は、進路決めの参考にもなるので、受験校を決定するまでに、必ず一度は解いて自己採点をしておきましょう。

合格できるかどうかは、偏差値だけでなく、過去問の自己採点がとても参考になります。私立高校は、合格最低点が公表されている学校が多いですから、自分の得点が最低ラインより上であれば、その年は合格したことになりますね。

都立などの公立高校は、調査書点を加算した総合得点で合否判断をされ、入試合格点は公表されていません。そのため内申点を取れていた息子の場合、目安として国立高校の過去問では、国数英は入試平均点を、理社は90点を目標に設定しました。これは、都立高校の受験生は偏差値や学力レベルの近いライバルが多く、過去問の平均点は最低限クリアしたいと考えました。理科と社会は都立共通問題で、自校作成問題校の受験生は、9割得点を目指している子が多いためです。

息子は、先取り学習をした夏休み明けの9月、国立高校の過去問に一度挑戦してみました。点数はあまり取れませんでしたが、以降、得点をアップするにはどこを補強していけばよいのかが、はっきりとわかりました。例年、出題傾向は似ているため、点数を伸ばせる領域（問題）が見えるという意味で、早めに対策するほうが絶対いいのです。その時点では、合格者平均には届いていませんでしたが、5カ月後は無事合格しました。夏・秋の時点の点数に一喜一憂する必要はない、ということです。

過去問で志望校の出題傾向を知る。解き始めるなら先取り学習を。

どれくらい解く？

過去問は、実践的な参考書だと思います。志望校・受験校なら、やって絶対に損はない参考書なのです。そのため、受験する学校の過去問にプラスして、同じ自校作成問題で入試を行う都立高の過去問も解きました。各学校それぞれに特徴があるため多少の違いはありますが、出題の傾向は大きく見れば似ています。都立の自校作成レベルの問題を数解くためにはいい方法です。息子が挑戦した過去問を見てみましょう。

●過去問・都立高校４冊
内訳：第一志望校（国立）＋他の自校作成問題３校（立川・日比谷・西）
●過去問・私立高校４冊
内訳：受験予定校（青山学院・中大附属・本郷）＋併願優遇候補校
（※併願優遇校は受験せず）

第一志望対策に他の都立高校を含めた4冊を活用、全て自校作成問題校です。出題の傾向が違いすぎる問題は省きましたが、受験校と同レベルの学校であれば、全体的な出題傾向やボリューム、国語・英語の長文、数学の証明問題など実践的な良問が多いです。やって損はない過去問でした。

共通問題の都立（公立）を受験予定であれば、他県の共通入試問題に挑戦してもいいでしょう。

私立高校は、受験した高校以外に、候補に考えた学校の過去問も購入しました。これは出題傾向を把握する目的もあったためですが、学校のウェブサイトに過去問は掲載されているので、問題の傾向はそこからも知ることができます。私立は、入試がそれぞれとても特徴的です。志望校以外はやる必要はありませんが、受験する学校の過去問は必ず解いておきましょう。

過去問は全て購入する必要はありません。先述したようにインターネットから無料ダウンロードする方法があります。息子も、購入した過去問を解き終わったあとは、戸山や新宿高校など志望校と出題傾向が似ている学校のウェブサイトからダウンロードして解いていました。

購入した過去問と組み合わせて、うまく利用してください。

このように中3の秋以降、受験プロジェクトの後半は、過去問の勉強が中心になりました。過去問は、時間を計って集中して解くため、模試と同様、本番に近い状態での実践練習になります。加えて、自己採点後の答案からは「どの領域をあと何点伸ばすのか」など、合格に必要な学力分析が可能です。すなわち過去問は、合格への対策がより具体的に見える実践的な演習である、ということです。

志望校の過去問は繰り返し解く。出題傾向が似た学校の過去問にもチャレンジ。

どのように取り組む？

過去問に取りかかる上で、やってほしいことが二つあります。

①自己採点の答案は合格作戦の材料にする

先ほども述べましたが第一志望校の場合、「どの領域のどんな問題がどんなかたちで出題されるのか」を知って、そこを重点的に効率よく勉強しておきましょう。出題の傾向や形式を知ることは、得点アップを狙うために必要な情報です。

手始めに、過去問にある時期の古い入試問題から、その学校の出題形式や特徴に慣れるために解き始めました。解いてみることで、現状の学力で「どの問題で何点取れるのか」を知ることができます。

例：数学の入試問題構成　➡　計算／方程式／作図／関数／平面図形／空間図形

出題の傾向は例年変わらないことが多く、入試説明会に参加するとそのあたりの情報も聞くことができます。そこで合格を目指すための対策を考えます。例に挙げた数学の問題の中で、自分が入試までに「どこを」「何点」伸ばせるのか、過去問を通して目標設定をし、タスクを考えて勉強していったというわけです。

例【過去問から考えた対策】
●計算問題・方程式はミスをなくす
●作図、関数、平面図形は、小問1～3まで全問解けるように
●空間図形は、小問1は解き、2・3はできなくてもよい

このように、過去問を解く理由は、出題の形式に慣れることに加え、ライバルに差をつける問題を選んで、具体的に対策することにあります。もちろん満点を目指せればよいですが、満点でなくても合格はできます。入試日までの限りある時間に、本人が得点を伸ばせる領域を絞って勉強することは、とても大切な作戦だといえるでしょう。

また、過去問を自己採点した答案を分析してみましょう。例えば、「もう少し時間があれば正解できた」問題があれば、時間配分や問題を解く順序などを工夫できるかもしれません。手応えがあった問題であれば、次は正答できるように重点的に勉強してみましょう。

このように過去問を演習すれば、合格ラインに近づくためのヒントが見えてきます。恐らく、入試当日の作戦もイメージできると思います。

最初は時間が足りなかった息子も、過去問演習を続けた結果、出題傾向に慣れ、時間配分や解く順などを判断して、徐々に得点を上げていきました。自分の力を最大限合格に近づけられる解き方ができるようになった、ということです。

②過去問は、入試本番と同じ条件で挑戦する

過去問はできるだけ、本番と同じ条件で解いてみましょう。各教科の時間はもちろん、順序や休憩を挟むなど入試当日と同じように設定すると、よくイメージができます。

公立入試は一日に5教科あるため、集中力を切らさずに試験に挑むのはとてもハード。入試本番の昼休憩後は眠くなってしまう生徒がいるという話を先生から聞きました。模試受験も入試の疑似体験になりますが、過去問演習も同様、長丁場になる入試のリハーサルをするチャンスなのです。

なんとなく過去問を解いてしまうのはもったいない。できるだけ入試と同じ条件で取り組んでみましょう。時間がある日は、本番さながらに休憩や昼食を入れてみるのもいいでしょう。私立高校の場合、入試の教科の順番が学校によって異なります。過去問は、入試の際の順序を確認して、必ずその順番で挑戦するようにしましょう。

この二つを意識してしっかり取り組めば、過去問は完璧な実践的参考書として活用価値が高まるでしょう。さらに、解いたあとに見えてくる得点アップのための具体的な対策が、合格するためには最も大切だということです。

過去問は本番さながらに挑戦、答案から合格へのポイントを見つける

最後に。過去問は5年分を解き、自己採点を表にして比較しました。やっていくうちに得点が上がったことを実感するためと、各学校が公表している平均点や合格最低点などのデータと比較するためです。

過去問は、最も有効な実践的参考書。

目標やタスクと同様に、点数を可視化することは大切です。模試はデータが返却されるので問題ありませんが、過去問は自己採点のみ。結果を表にして可視化することをおすすめします。

簡単な表で構いません。本人の点数がどのくらいのレベルなのか、過去のデータと比べることで一目瞭然、合格の可能性も探ることができます。

私たちが使った表を掲載しますので、参考にしてください。

過去問自己採点表

学校		A高校			B高校			C高校	
	教科	得点	平均	差	得点	平均	差	得点	合格最低点
1回目	国	54.0	61.5	-7.5	69.0	70.3	-1.3	64.0	／
	数	47.0	49.2	-2.2	63.0	69.2	-6.2	60.0	／
	英	50.0	47.4	2.6	68.0	70.9	-2.9	52.0	／
	3計	151.0	158.1	-7.1	200.0	210.4	-10.4	176	170
				❶			❶		❷

比べるポイントは異なる！
❶平均との差
❷合格最低点のクリア

④得点アップを狙う「教科別ヒント」

受験勉強や模試を通して、どうしたら得点を最大値にできるかを考え、取り入れた方策がいくつかあります。実際に、模試では得点を伸ばし、結果、合格につながりました。受験生それぞれに、得点アップを狙いたい教科は異なります。また、成績や弱点、原因などによって当てはまらない場合はあると思いますが、各教科の得点アップを考えたとき、参考にできる記述があれば、ぜひ取り入れてみてください。

英語

英語はリスニングが約10分間含まれます。開始後すぐに始まる試験もあれば、「開始○分後」と設定されている学校もあります。リスニングの開始時間は、必ずチェックしておきましょう。

50分の試験の場合は、リスニングの時間を除くと実質40分となります。この時間で、長文読解や英作文などに対応しなければなりません。そのため、時間配分がとても重要です。

リスニングが終わったら、まず英作文の問題を見る。

英作文は、ミスなくきちんと作文できれば、高得点が狙える問題です。しかし、入試問題の最後に配置されていることが多く、順番に問題を解いていると時間が足りずに、慌てて解答する羽目になってしまいがちです。実は、これがとても「もったいない！」ことなのです。

5分と決めて時間を配分し、英作文をしっかり書くように対策をすれば、**英作文は満点に近い点数も狙えます。**というのも、英作文は難しい単語を使う必要はなく、知っている単語を上手に使って、問いかけられた問題に対していかに正しく答えられるか、です。

単語、文法のミスを極力なくし、問いの答えとして的外れにならないように、簡単な英語で字数を守ってしっかり答えること、これが最も重要で点数の取れる答え方なのです。

採点は減点方式で、誤ったスペルや文法はマイナスされるため、難しい単語や言い回しを使わずに、例えば、中1のレベルの文法・単語でも解答として正しければ満点がもらえます。知っている単語と文法だけで英作文をしっかり書く練習をしておくことがポイントです。

息子が模試や過去問を始めた頃は、この対策ができておらず、英作文の点数はなかなか取れませんでした。元々、作文力（英語であっても、作文の基礎は国語の力です）があまりなかった上に、時間が足りずに慌てて作文を書いていたからだと思います。

きちんと書けば評価されると知ってから、対策を立てて英作文の練習をしたので、最終的に、模試で8割以上を取ることができました。

例えば、長文読解は、苦手なテーマで問題が出る場合もあります。幅広いジャンルで長文を読んでおくことは対策として可能ですが、それでも、入試で出題される問題が読めば理解できる長文か、内容を把握しづらいテーマなのか、そこは残念ながら試験になるまでわかりません。反対に、**英作文は、受験生側で解答をコントロールできる問題**。捨てずに、しっかり対応しておくべきだと考えました。

息子は、最初の**リスニングが終わったら、まず英作文の問題を確認する**ようにしました。長文問題と連動している場合は、問題を解かないと手をつけられませんが、独立した英作文の場合は、知っている単語を使って英作文をすればよいので、先に時間を配分して解答するように変更したのです。これは、時間が足りずに、適当な作文を書いてしまう失敗から学んだこと。時間があればよりよく書けるのなら、時間を割いたほうがよいのです。

では、どうすれば得点アップが狙えるのか、取り入れた具体的な勉強方法を挙げておきます。

英作文の得点をアップするためには？

①自由英作文の頻出問題は、参考書などでしっかり対策をする。

自由英作文とは、「将来の夢」「中学校生活の思い出」など、一般的なテーマで出題される英作文問題で、決められた字数内で書きます。

自由英作文の出題テーマはさまざまありますが、対策をすることで広いテーマで使えるフレーズを作っておくことができます。全く同じ問いかけではなくても、中学生が経験したことや知っていることは限られています。自分の引き出しにそのフレーズをいくつかもっておくと、それらを組み合わせることでテーマに合った作文にリメイクすることができるでしょう。

【例】

部活動や音楽祭など、頑張った経験で英作文をしておく

⬅

中学の思い出、成長できたこと、大切にしている考えなど、多くのテーマに当てはめて使える。

このようにどんなテーマの問題でも、ある程度、作文が組み立てられるような共通文を準備しておけばよいのです。さらに、自分が大切にしている考えや、特別な経験について英作をしてもっておくのもいいでしょう。

いろいろなテーマに共通して使えるフレーズを作っておく。

もうひとつ、英作文で対策ができることは、

②志望校の過去問から英作文問題をリストにし、出題傾向や字数など条件に慣れておく。

学校によって英作文の出題方法には特徴があります。テーマを与え自由に書かせる英作文の他、会話文や資料を読み解いて考えを書くもの、長文問題に付随するものなどがありますが、受験校の傾向をつかんで、対策や演習をしておくとよいでしょう。

まとめ

英作文は、日本語で難しい内容を考えずに、簡単な英語でよい。8割を目指すなら、条件を満たし、単語や文法を間違えずに、用意したフレーズを使って、問いかけに答えることが重要。

数学

数学は、強化したい領域は良問をひたすら解いて、解答パターンを自分のものにすることで学力をアップさせました。その学力をきちんと発揮できるように、入試問題で注意すべきだと考えていたポイントを挙げていきましょう。

最初の5分、問題の見極めが重要。

時間との闘いでもある入試。どの問題から解くのか、どこは確実に点数がとれるのか、入試問題でこの選択はとても重要です。恐らく時間があれば解ける問題でも制限時間内で解けるかどうか、これが鍵になります。**全体を見てこの見極めをする最初の5分は重要**です。

連動している問題は、必ず見直しをする。

大問の中で、最初の問いを間違えてしまうと、続く2問3問の解答も必然的に間違えてしまう、という残念な結果になってしまいます。そうならないように、問題が連動している場合は、最初の解答の見直しを怠らないようにしましょう。「解けたのに……」という悲劇が起こります。

記述問題（証明、作図）はあきらめずに書き込む。

数学の記述問題は、最後まで解けなくても、解答を導けなくても、とにかく考えた跡を解答用紙に残しましょう。

入試問題説明会で、数学の先生は「努力の跡を見る」と話していました。特に、数学は、正解すること以上に、どう考えたのか、どう解こうとしたかを見るので、過程が大切だということです。

採点者に読んでもらう気持ちで、考え方や式などのポイントを簡潔に、丁寧に書き込んで、**解答用紙に自分の情熱を込めましょう。**

問題文は最後まで読み、答え方を間違えない。

たまにあるのが、答え方の間違いです。問題文に条件や答え方が明記されていることがあるので、見落としてしまわないように気をつけましょう。

大問の後半は難しいとは限らない。

例えば、都立の自校作成問題レベルの数学では、大問の中に（1）から（3）があると、だいたい（3）が難しく設定されています。ただし、実はそうとも限らない場合があるようです。

そのため、後半は難しいと思い込まずに、問題を見極めることが大切です。

まとめ

数学では、本人が押さえておくほうがよいと考える領域については、妥協せずに勉強しましょう。反対に苦手は、基本は押さえて応用は捨てるくらいの気持ちで挑みました。満点ではなく、目指すのは合格点です。記述問題は、解答が出なくても考えた過程を書き込むことを大切に、また、連動している問題は必ず見直しをしましょう。

国語

国語は、息子がとても苦労した教科です。受験勉強を始めた頃は平均点が取れず、小さいときから新聞や読書で活字にもっと触れさせておけば……と、少し後悔しました。とはいっても「後悔先に立たず」ですから、やれることを考えて勉強し直しました。

苦手教科は、実は伸びしろがあり、得点アップできます。好きではない教科を勉強することは苦痛ですが、合格に必要と考え、挑戦するしかないと思います。

都立高校受験の場合は、ほぼ同レベルのライバルと合否を争います。その中で合格を勝ち取るためには、平均点に届かない苦手な教科のマイナスをカバーする超得意教科をもっているか、苦手教科をなんとか平均にするか、全体的に少しずつ得点アップを目指すか、とにかく、ライバルとの差をなんとか埋めなくてはなりません。息子は超得意教科があるわけではなく、どれもある程度バランスよく得点していました。そこで、苦手教科を平均にすることと、全体的に少しずつ得点アップを目指す作戦にしました。そのため、苦手な国語の対策は重要でした。

まずは、漢字や語彙、四字熟語など、国語の知識を増やして基礎力を上げるように努力しました。基礎ができていないと、文章を読んでも意味がわからないからです。

当初、評論文や小説の読解問題は、問題用紙に何も書き込まずに読んでいた息子。次に、キーワード、接続詞、重要な主張に線を引きながら読むことを訓練しました。さらに、まず設問を見て、読解すべき内容やポイントを予想しながら読むこともアドバイスしました。

- **問題用紙に書き込みをする**
- **長文の選択肢は句読点で分けて考える。それぞれ本文の内容に合致するか、○×△を書き**

込む

●問われているのは解答者の主観ではなく、筆者の主張

これらを実践して、選択肢の正答率は平均以上になったように思います。ただし高校では、国語の授業で扱う作品や評論の難度が上がったため、読み解きには苦労しているようで、まだまだ勉強は続いています。

理科 社会

※都立高校入試の場合のみ

理科と社会は、都立の自校作成問題の学校も共通問題です。そのため、自校作成問題校の受験生は、理科・社会は9割得点を目指す子も多く、息子は落とせないプレッシャーを感じていたようです。難度は年度によって変わりますが、自信をもって挑めるように準備しておきましょう。

また、理科・社会は、直前の対策でも点数が伸びます。短期間で全範囲を振り返る参考書などを上手に使って、最後まで勉強を続けましょう。

理科

都立共通入試の特徴は、問題文がとても長いことと、実験が必ず出てくることです。そのため、知識を問われるだけでなく、問題文を読み取る力が求められると思います。実験やその結果についての知識は必須ですが、多くの文章を読みこなさなければならない問題形式に慣れておく必要があると思います。

また、大問3～6は、過去10年分を振り返ってみると、決まった領域が交代で出題されています。そのため、入試の年に出題される領域をある程度予測することができるでしょう。前年の出題などを見て、追い込み時期の勉強は、予測した領域を優先的に勉強する手もあります。

理科は実験とその結果の確認を。長い問題文に慣れておく。

社会

ほとんど全ての問題が、地図や統計、図表、写真などの資料を使って出題されています。単に知識を問うだけではなく、資料を読み解いて考え、答える力が試されます。また、地理・歴史・公民の各分野の一元的な暗記情報を問う問題ではなく、複数の知識を関連づけて解答する融合的な問題が出題される傾向が強くなっているようです。

統計データや資料を読み解く力、複数の情報を使って多元的に考える力が求められます。普段から、社会や政治、経済など身の回りの出来事に関心をもつことも大切かもしれません。

資料を読み解く、比較する訓練を。歴史は年表もポイント。

5教科の終わりに、国語について。受験勉強をサポートする中でよく感じたのは、国語力はあらゆる教科につながっている、ということです。例えば、英作文はどのような内容で英作をするのか、半分は日本語の問題です。論理的に文章を組み立てられるか、問いに対する的確な答えであるか、それを英語で間違えずに書けるか、を問われています。数学は、条件などを含んだ問題文をきちんと読み込むことが正答につながります。受験を通して、他教科でも、国語の力は必要だと感じました。国語力があるに越したことはない、です。

努力した結果、波はありましたが、国語はなんとか平均レベルに到達できました。日本語の基礎力を上げたことに加え、過去問を解くことで難解な現代文を読み込めたこと、古文・漢文は基礎から勉強したことが、底上げにつながったのでしょう。

このように苦手教科でも、捨てずにやり方を考えて補強すれば、得点アップが十分期待できるのです。

いかがでしょう。これらは合格するために、息子の入試向けに一緒に考えた方法や進め方、解き方ですが、もしヒントになる内容があれば取り入れ、受験生それぞれに合った合格への作戦を考えてみてください。得点を最大にできるようなオリジナルの作戦をぜひ見つけてください。

最後に。勝負の入試では、焦ることもあり、ケアレスミスが出やすくなるかもしれません。ケアレスミスはできればなくしたい、できるだけ減らしたい。これは、全ての受験生にとって共通の思いでしょう。

●ラスト5分などと決めて、見直し時間を必ずつくる
●設問の読み間違いを防ぐため、最後まで読む。下線を引く
●最後まであきらめない

その1問、その1点がボーダーラインだと考えると、取れる点数は落とさないようにすることが、当たり前ですが大切です。できるだけケアレスミスをしない努力が合格につながっていくのです。

息子は、都立国立高校合格のため、図のような㊙計画を立て、壁に貼っていました。自分だけの「合格計画」を立て、第一志望校入試の教科別の目標点を書き込んでみましょう。書き終わったら、それを勉強机の前にぜひ貼って受験勉強をしてください！

国高合格計画張り紙

目指せ国高！

合格計画 ㊙

- ★ 英語は65点を取る
- ★ 数学は難しいが、65点を目指す
- ★ 国語は波がある教科、60点を目指す
- ★ 共通問題の理科・社会は90点を取る

目標、5教科合計370点

第6章

「塾なし受験」のための「模試」活用法

❶なぜ模試を受けるのか

模試は必ず受けましょう。「塾なし」「塾あり」にかかわらず、受験生にとって、模試は必須です。模試を受ける理由は大きく三つあります。

- 自分の学力が把握でき、点数を伸ばせる部分がわかるから
- 結果から、今の実力、ライバルと比べた立ち位置がわかるから
- 本番入試の疑似体験ができるから

この三つは、全ての受験生にとって、とても大切な要素です。模試を受けることで、合格に向けた作戦が立てられます。大手や中堅の塾では塾内で模試を定期的に実施しています。授業と並行して塾内模試や公開模試を活用して指導が行われています。すなわち、模試は志望校合格へのマストアイテムといえます。

「のんびりしている」子どもや、「微妙にやる気になれない」といった受験生にも模試はおすすめ。本番に近いかたちでの体験は刺激になります。また、1年後の受験はまだ遠くにぼんやりとしていても、近い模試を目標に設定することで、勉強を進めやすくなります。

通塾している受験生は、内部・外部模試ともに塾で手配されることが多いですが、「塾なし」受験生は、個人で中期的なスケジュールを立て、模試の計画と申し込みを行わなければなりません。ただし、これも特別難しいことはなく、家族の協力と情報収集で対応できるでしょう。

すべてにおいていえることですが、「与えられたこと」は、しばしば「なぜそれをするのか」

という本質的な理由を自身で理解しないまま行っている、という現象が起こっています。理由を考えることをせずに、用意されていることを当たり前のように受け入れる状況は、受験生にも、大人の世界でさえもよくある話です。与えられたことをただ単に行うのは楽ですが、果たして、それが自らの糧《かて》になっているのかは疑問です。

「なぜそれをやるのか、なぜそれを選ぶのか」

受験という中学生にとって大きな挑戦を、自身で考え決めていくその過程で、子どもたちは成長していきます。受験のエキスパートがお膳立てしたカリキュラムの先にある合格と、道筋を自分で考え選んで実行して得た合格では、同じ合格でも、意味合いはずいぶんと異なってくるのです。

どの模試をいつ受けるか、これもしっかり話し合い、息子が選択をしました。受験をプランニングしながら勉強するということは、自身の学力、得意・不得意、理解度などがきちんと自分で見えているということではないでしょうか。どうすれば成功（合格）できるのか、今、自分に何が足りなくてどう対策をするのか、そういったことを考えていく上でも、模試はたくさんのヒントをくれます。

秋になれば、模試や説明会でカレンダーの週末は埋まりました。そして、返却される模試の判定や解答を見ながら、また作戦を練る。これを繰り返すことで、合格に一歩一歩近づき、到達できたのです。では、先述した模試を受ける三つの理由を、詳しく見ていきましょう。

模試を受ける理由その1

●自分の学力の現状や、強みと弱みを知ることができるから

受験を進めていくうちに不安に思うことのひとつは、この勉強で果たして大丈夫なのか、ということでしょう。このやり方で合格できる学力がついているのか、または、合格へ正しいベクトルで向かっているのか、努力している受験生なら誰もが不安に思うことかもしれません。特に、塾なし受験を選択した受験生とその保護者は、自分たちだけで進めているので気が気ではないでしょう。

そこで、模試の出番。**模試はいわば、受験勉強における方位磁石**であり、また、現在地を知

らせてくれるマップのような役割を果たしてくれます。どっちに進んでいるのか、どこまで進んだのかを、知らせてくれるというわけです。模試で力試しをして、学力定着の確認をすることで、自分の学力の現状を知ることができる。これは、塾あり塾なしに関係なく、全ての受験生に共通です。

特に塾なし受験では、学力がついたかどうか自分自身で判断する材料が必要になります。その材料のひとつが模試であり、その結果をもとに、次の作戦を立てていく。こうして模試と勉強を繰り返すことで、可視化しづらい学力の定着度や理解度を測っていきます。ここでいう作戦とは、**「どうやったら得点を最大化できるか」**という、入試突破のポイントを押さえた合格への作戦のことです。

入試で最も大切なこの**「得点の最大化」**は、模試で次のポイントを知ることによって目指せます。

- 苦手教科、苦手単元
- 犯しやすいミスの傾向

●解答を優先すべき順位

これらは、返却された模試の答案用紙の解説面を見るとわかります。成績表の表面は、志望校判定を掲載している模試が多いため、裏面や別添えの場合もあります。内容は、各模試によって異なりますが、答案用紙の解説、学力分析、正答率グラフ、記述解答の採点詳細、領域のアドバイスなどが書かれています。この答案用紙の解説面が、得点を上げていくポイントになる部分です。

例えば、学力分析表で、

●×が並んでいる領域 ⬇ 苦手、もしくは理解不足など弱点となる単元の可能性
●受験生の正答率は高いが誤答だった場合 ⬇ ケアレスミスや勘違いなど、正解できる可能性が高い

といった具合です。まず、その誤答がどのような間違いで、なぜ間違えたのか思い出しながら考えます。時間が足りなかったという場合もありますね。さらに、その問題に対してどのよ

うな対策をすれば、次に間違えないかを考える。これが、得点を上げていく方法になるのです。

では、答案用紙の解説を見ながら、次のポイントを探していきましょう。

苦手な教科・単元

得意教科と苦手教科は、普段からなんとなくわかっている受験生は多いですが、具体的にどの部分が苦手なのかをきちんと把握している生徒はそう多くはありません。特に苦手な教科については、つまずいて以降、手をつけずに放置しているケースもあり、理解できれば、取れていなかった分の点数が取れる可

学力分析表図アップ（出所：Vもぎ　進研スタディサイト）

番号	内容	正答率	正答率グラフ	正誤
領域名	数・式の計算と確率	58		40
問1	正負の数の四則	76		×→○
問2	因数分解	66		×→◎
問6	2つのさいころと式の値と確率	64		○
問3	根号をふくむ式と積	62		○
問5	平方根と素因数分解	20		×
領域名	方程式	87		100
問1	線分の長さと点の動いた時間	88		○
問4	二次方程式の解き方	86		○
領域名	1次関数	63		
問1	2直線の交点の座標	86		
問2	2点を通る直線の式	40		
領域名	平面・空間図形	39		
問1	作図（円の接線と2点を通る直線の交点）	59		×→★
問2	動点と線分が動いてできる面の面積	18		×
領域名	三角形・四角形・円	38		50
問2	円と三角形の角	73		○
3(2)	三角形の辺の長さと四角形とおうぎ形の面積	2		×
領域名	1次関数と説明			
問3	動点のx座標と線分の長さについての説明	0.8点		0点
領域名	証明			
3(1)	三角形の合同の証明と垂直な直線	1.3点		0点
領域名	空間図形と過程の式や計算			
問3	回転体の体積と点の動いた時間	0.3点		4点

能性を秘めています。「苦手だから無理」ではなく、**苦手だからこそ、受験を機に見直してみる**ことが大切。模試で再確認した苦手部分は、基礎をもう一度見直すことで、得点アップを狙える可能性があります。

また、あまり苦手意識はないのに理解できていない単元や、得意教科の中にも好きではない単元など、実は勉強不足・理解不足の「隠れた弱点」があるかもしれません。これらは普段の勉強ではなかなか気がつきにくいものです。その隠れていた部分が、模試であぶり出される可能性があります。

苦手意識はないのに点数が取れていない、ということは、裏を返せば、再確認すれば点数が取れる、得点アップの期待できる問題だということになります。

入試問題は、中学校で学習する全範囲から出題されます。どの単元からどんな問題が出るのかわからないということは、**苦手な単元、理解不足の単元から出題される可能性も大いにある、**ということ。逆にいえば、理解不足の単元を減らすことで、合格に一歩近づけます。

反対に、理解不足のまま放っておいて入試を迎えることは、不安要素を抱えて挑むことになります。少しずつ不安な要素を減らしていくことは、受験生にとって堅実な勉強方法です。

広い出題範囲の中で、そういった**「自分の弱い部分」が、実は「補強できる部分」＝「得点アップの可能性」**だと思えれば、そこに向かって勉強を進めることができるでしょう。

息子の場合、苦手科目は国語。国語の学力だけは、「このままではまずい。なんとかしないと最後に足を引っ張る」と危機感を持ちました。そこでまず、模試受験者の平均点以上は必ず取ることを目標に、計画を立てて勉強に取り組みました。

ミスの傾向

また、**模試は自分の犯しやすいミスの傾向にも気づかせてくれます。**自分がどういう問題を間違えやすいのかを知っておけば、ミスを減らせるのです。例えば、どうしてもケアレスミスをしがちな受験生は、見直しの時間を確保して、問題文を読み返す、計算は見直すなど、点数を取り落とさない対策をとりましょう。

息子の場合、問題文を最後まで読まずに答え方を誤る他、単純な計算ミスなどが模試を受け始めた頃にはよく見られました。受験終盤になっても慌ててしまい、どうしてもミスすることはありました。とはいえ、**ケアレスミスはゼロにはならなくても、意識的に減らすことはできる**でしょう。

どんなミスをしやすいのか、どんなミスに気をつけたらいいのか、わからせてくれるのが模試。同じようなミスを防ぐために、どんなときに注意すべきかを知り、そのミスを減らすように意識して取り組みましょう。そういった部分に気づかせてくれるのも模試なのです。

本来なら取れていたかもしれない類のミスは、とても悔しく残念な減点になります。模試からわかった自分のミスの傾向に気をつけ、きちんと見直しをするだけでも、減らせる可能性はありますから、入試本番では極力なくしたいですね。

解答の優先順位

問題用紙を見て（問1）から順に解いていくのではなく、先にどの問題から解くか、どの順序で解くのか、これらは入試の際、作戦として大切なことです。**解答の優先順位を考える**ことは、各問の時間配分にも関わります。
模試を受けることで、自分の苦手とは反対に、得意な単元や時間のかからない問題もわかるでしょう。苦手な単元があるのに対し、必ず取りたい単元や問題を知ることができれば、それらを優先的に解答するという対策が立てられます。

入試で合格するには、満点を目指す必要はありません。ライバルに勝てるよう、制限時間内に自分の得点をとにかく最大にすることが求められます。この制限時間内というのが実はポイント。限られた時間で、正解をより多く出す力を競うのが入試なので、合格するには、得点の最大化が必要になるのです。

入試において、8割以上の受験生が正解する問題はもちろん落とせませんが、正答率1割の難問は、逆に落としても大丈夫。解けない生徒がほとんどなので、いってしまえば解かなくてもいいのです（時間に余裕があれば挑戦！）。それよりもポイントは、正答率が5割前後の問題。これらをより多く解答できる受験生が合格するのでしょう。

時間のかからない問題をサッと済ませるなど、どの問題から取り組むか、**解く順序の組み立ては合格の鍵になる**といえます。模試を受ければ、どれを取ってどれを捨てるか（後回しにするか）、自分が得点を最大にできる**「優先順位」を徐々に知ることができる**ようになります。

自宅で問題を解く場合も、制限時間を設けて解答する訓練をしましょう。模試では、本番さながらに、問題全体をどのような優先順位で解答するのか、実践することができます。そして、返却された模試の結果を見て、自分の強みになる問題を増やしていきましょう。

ここまでの話をまとめると、模試を受けることで、

①自分の学力の現状を知ることができる

↓

②苦手な単元、得意な領域、ミスの傾向などを把握・分析できる

↓

③得点アップにつながるよう、学力の補強・ミスへの対策・作戦を練る

↓

④また模試を受け、①～③を繰り返す
⬅
目指すは志望校合格につながる**得点力アップ＝学力アップ**

模試を活用して自分の学力の現状を知ることで、得点を上げるための具体策「どんなことを」「どのように」やるのかが見えてくる、というわけです。模試は、受験勉強の道しるべなのです。

模試を受ける理由その2

●自分の立ち位置・ポジションを知ることができるから

先ほど述べた模試を受ける理由その1は、自分の学力の現状を知って苦手や弱点、ミスの傾向などを見つ

得点アップにつながる模試結果の見るべきポイント

見る箇所	発見可能ポイント	得点アップ対策
❶学力分析表	苦手領域・苦手単元	基礎の見直し、苦手克服
❷正答率	犯しやすいミスの傾向	ケアレスミス予防
❸解答の正誤結果	解答を優先する順序	時間配分、解答の優先決め

け、対策・改善をしていくためでした。もうひとつの理由は、模試の結果にあります。模試の結果からどんな情報を得られるのかを見ていきましょう。

まず、採点の結果から主催者のデータに基づいた志望校判定が出されます。志望校診断や合格判定ともいわれ、通常、受験生は、これを目安に合格できる可能性を探ります。例えば、

- 「私立Vもぎ」（進研）は、10%ごとに合格可能性を表示。
- 「都立自校作成Vもぎ」は、学力検査＋内申点を合わせた総合得点から判定。S、A～E判定。
- 「高校受験公開テスト」（駿台）は、10%ごとの志望校判定。確実・可能・努力・再考圏と4区分。

このように、各模試の合格可能性の出し方は異なりますが、それぞれが独自のデータを使い、志望校合格の確率を出します。**この判定については、あくまでも模試を受けた現状の結果でしかない**ので、一喜一憂することのないように心がけましょう。

楽観的すぎるのもよくありませんが、悲観的になる必要もありません。合格の可能性が低く出たからといって、すぐに志望校を変更することもやめましょう。理由その1でも述べたように、模試は、その後に具体的な勉強に役立てることが大切なのですから。

我が家も、判定がよければもちろん素直にうれしかったのですが、例えば、受験者の平均点が低かった数学の得点がよかった場合、その1教科の偏差値がグッと高く出ました。そうすると、数学の偏差値が5教科合計の偏差値も引き上げ、結果的によい合格判定が出ていました。そのことを喜ぶ以上に、実は、他教科の得点や偏差値が気になりました。

模試の判定は、そのとき受けたテスト結果に基づくものなので、志望校の入試問題の目安にはなりません。どのように捉えるかは、それぞれですが、判定よりも、答案用紙に目を向けて、間違えた内容を復習して学力を補強することが、合格につながっていくのは確かでしょう。

模試の結果には、次のようなデータ（情報）が載っています。

模試結果の着眼点（出所：Vもぎ　進研スタディサイト）

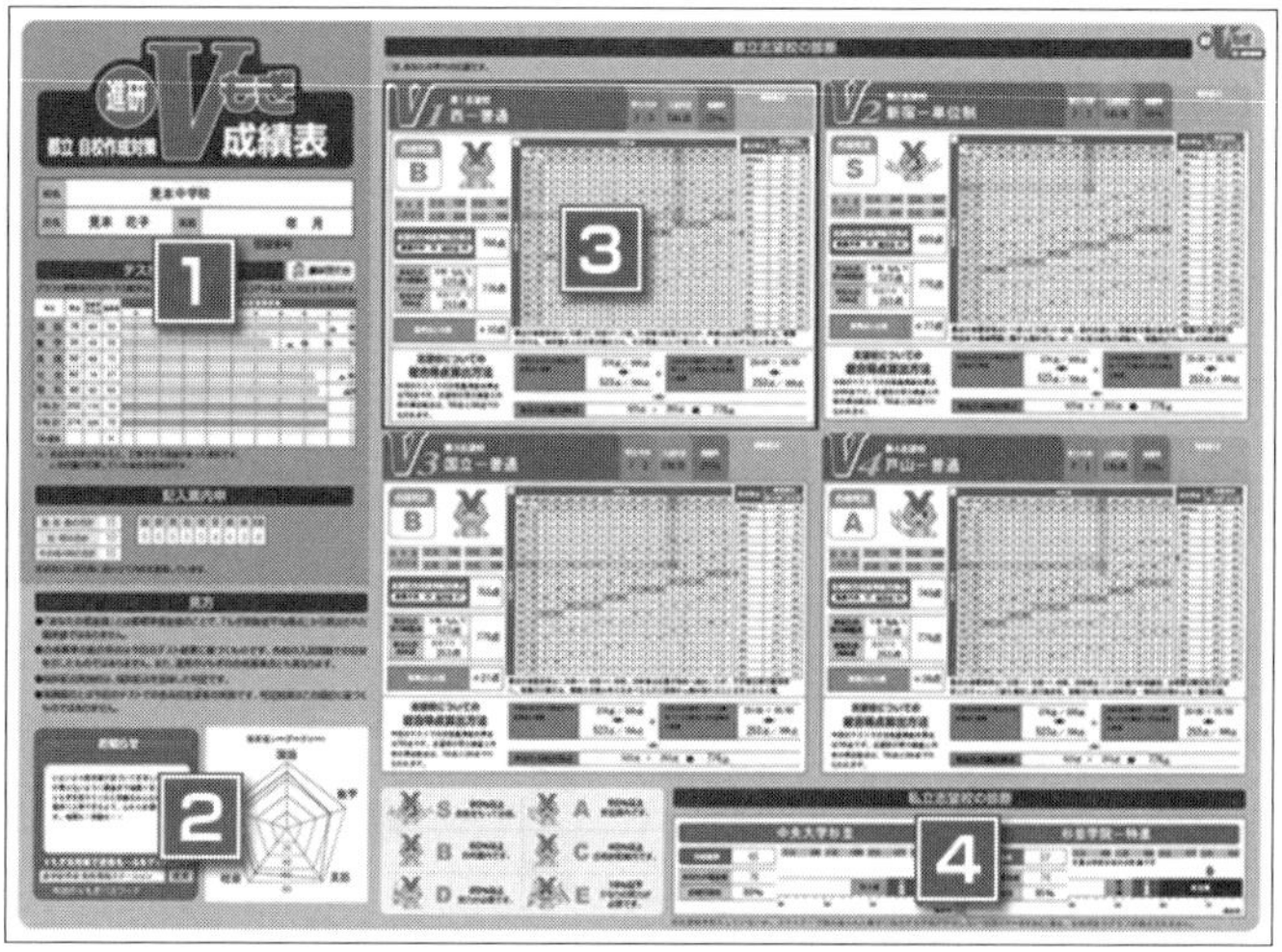

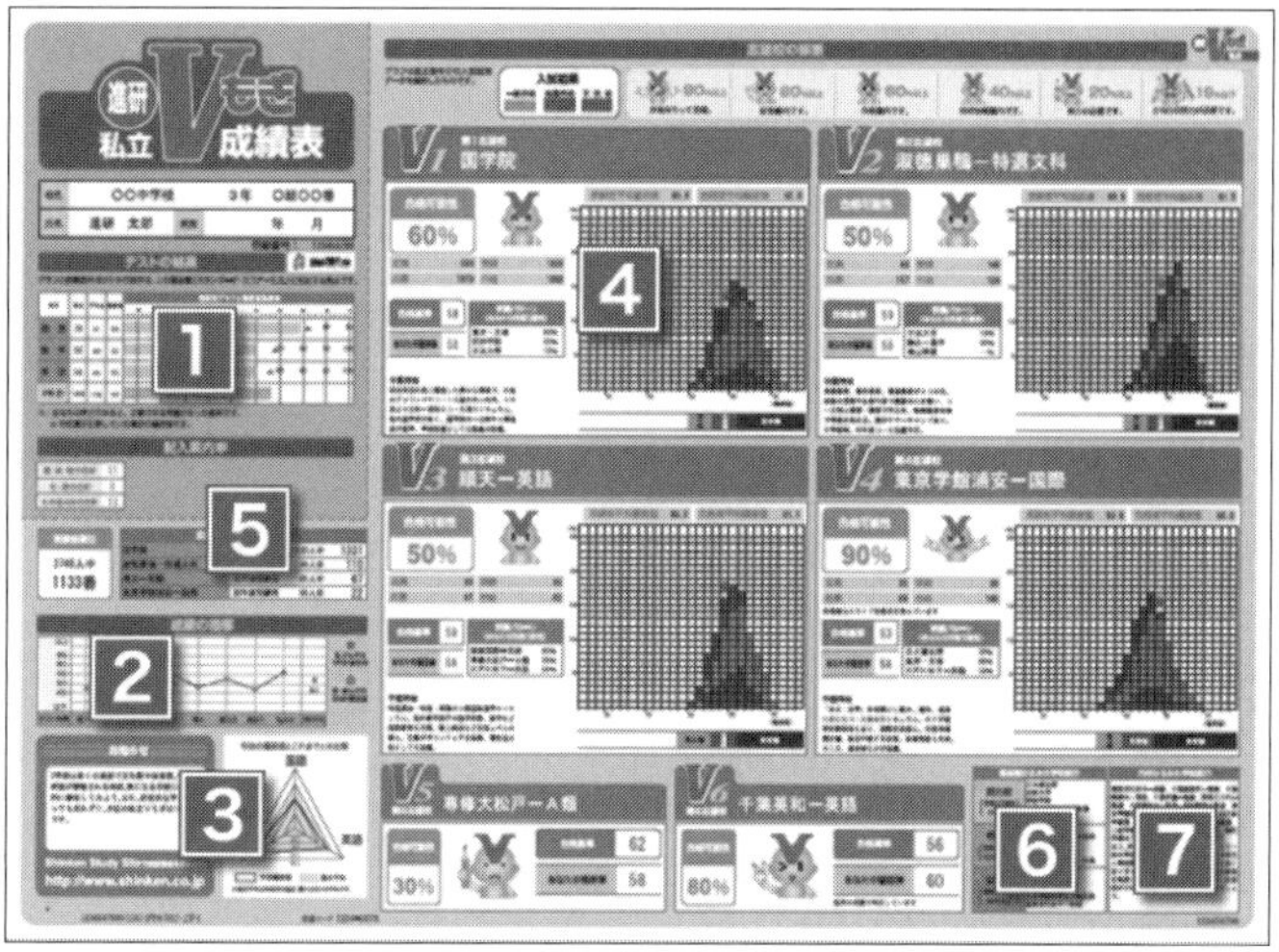

模試結果の着目点（※前ページの図参照）

●合格可能性判定　⬇　**3**（都立）**4**（私立）
●第一志望累積順位（都立）⬇　**3**
●志望校前年度推計順位（私立）⬇　**5**
●成績の推移　⬇　**2**（私立）
●併願校について　⬇　**4**（都立）・**6**と**7**（私立）

自分の第一志望校を、同様に第一志望とする受験生（ライバル）の中での順位がわかるのが、累積順位です。その模試を受けた受験生という条件つきですが、受験者何人中何位と出るので、受験者が多ければ、入試に近い状況である可能性があります。また、同じ模試を継続していれば、学力の推移を見ていくことができます。

息子が**志望校を決定する際に、役立ったのは累積順位**でした。同級生のライバルの中で、自分がどのあたりの位置にいるのかを、ある程度予測して、最後は志望校を選びました。どのように分析・判断したかなど詳しくは、本章❸「模試、結果の見方とその分析法」（313ページ〜）で説明しようと思います。このように模試の結果は、合格判定だけでなく、他にも着目して結果をより詳しく見るとよいでしょう。

ただ**漠然と勉強しているだけでは、受験は不安**です。敵（ライバル）を知る必要もあるでしょう。まずは「ライバルがこれだけいるのか」と意識することも大切ですね。また、ライバルの中での自分の立ち位置や、自分の学力の推移を知ることで、受験勉強の励みになり、自信や目標を与えてくれることもあります。反対に、「このままではまずい」と危機感を抱くきっかけになることもあるでしょう。

どちらにしても、模試を受けない限り、見えない情報です。それらを有効活用して、受験勉強に前向きに生かせるようにしていきましょう。

模試を受ける理由その3

●本番のリハーサル体験、練習ができるから各教科を一生懸命勉強すれば、必ず合格するのであればよいのですが、そういうわけではありません。範囲が絞られる定期テストは勉強すれば比較的点数はついてきますが、入試については、なかなかそうはいかないのが現実です。なぜなら、先ほども述べましたが、出題される問題は、中学校の学習の全範囲から選ばれるからです。

とはいえ、東京都立であれば5教科の共通問題や自校作成問題、私立高校は学校独自の入試問題ですから、それぞれの試験に特徴があります。全範囲を満遍なく勉強するというよりも、**受験する学校に合わせて効率よく勉強をする**ことが賢明です。

志望校の入試スタイルに合わせたリハーサル体験（＝模試）を繰り返すことで、本番に向けた訓練を積むことができます。出題される問題の傾向、量、レベル、時間配分など、**本番に近い模試で実践練習を繰り返しておく**ことが大切なのです。

過去問と同様、模試は志望校に合わせて選びましょう。

入試当日に結果を出すためには、受験を考えている学校の問題の形式や傾向に慣れ、時間内にどのように対処するのかを身につけておくことがとても重要になってきます。これはテクニックというよりも、反復練習としての意味合いが強いでしょう。**平常心で時間内に合格点に届く実力を発揮する練習**、それが模試です。

「この試験で合否が決まる」「1年間勉強した成果を出す日」といった入試日の特別な状況下では、受験生はとてもプレッシャーを感じ、緊張もするでしょう。試験当日、周りは全員ライバル。落ち着いて試験に挑むためには、リハーサルを経験しておくことに損はないでしょう。

中3の夏以降、息子は6回模試を受けました。これが多いか少ないかはわかりませんが、少なくとも、ある程度訓練していたからこそ落ち着いて入試に挑み、結果を出せたのだと思います。本人いわく本番は「少し緊張した」程度だったようです。併願受験をした私立高校は、かなり落ち着いて受験できた様子でした。

この他、中学校では3年次に、確認テストと呼ばれる試験を3回受けています。これは学校内模試ですが、順位などはなく中学の成績にも反映されません。都の平均点は出るので、都内の公立中学が「実力確認テスト」として実施し、先生はその結果を進路指導の参考にしているようです。

3年になって以降、息子は**「模試」という練習**を積んで、徐々に入試のスタイルに慣れていきました。最初は思うようにとれなかった点数も、得点をアップするために必要な対策・時間配分などを考え、やり方を変えていくと、徐々に点数は伸びました。

「どうしたら、得点を最大化できるか？」

先ほども述べましたが、このことが入試では最も大切で、合格するために必要なことです。そのためにも、特に志望校の入試スタイルに慣れ、自分なりの対策を立てて挑めるように、繰り返し練習しておきましょう。練習を重ねて改善していくことができれば、自信もついてくるはずです。

受験もスポーツと同じで、いきなり本番で力を出せる子はそうはいません。たとえ、実力があっても、です。それは、もっている力をどうしたら最大限出せるかという話で、「本番に強い」「メンタルが弱い」などにつながるのかもしれませんが、平常心で集中して本番に臨む力は、競争の世界で勝つために必要なことなのでしょう。

事前に練習を積むことは当たり前ですが、本番と似ている状況下で練習することが効果的。入試当日に力を発揮できるように、模試で実践的な体験をしておくことは、学力を上げることと同じくらい、合格するためには必要です。

模試と過去問は、受験の重要アイテム。過去問については、第5章の「塾なし受験の教材・使い方」で述べていますが、志望校に合格するには、過去問と同じくらい模試は大切なのです。

なぜ模試を受けるのか

①間違った問題・解けなかった問題の見直しをすると

秋以降の成績グラフ

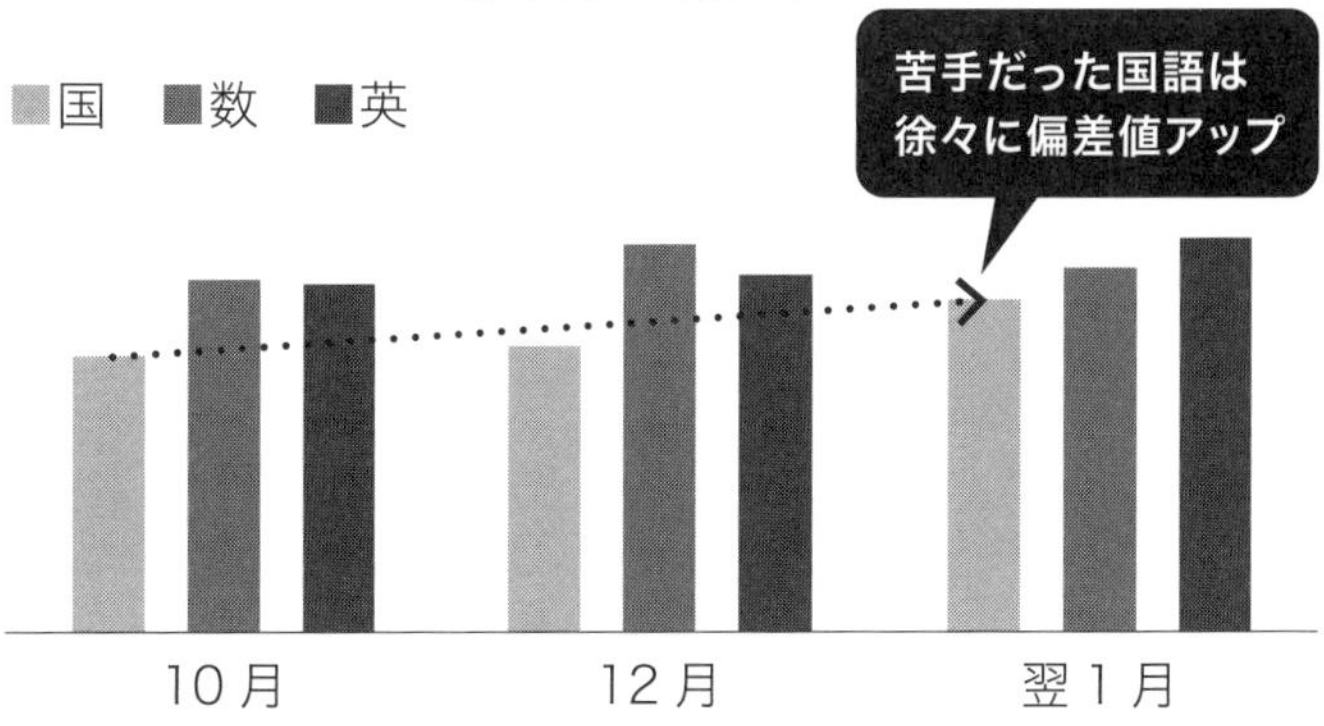

学力アップ　＋　ミスの傾向がわかり、得点アップ

②自身の実力を確かめる物差しになる

⬅

現状の実力を分析して、志望校決めや受験の対策に

③本番の試験スタイルに慣れる、対応する練習

⬅

いつも通り入試に挑むことは、実力を出す前提。当日に実力を発揮するための訓練に

このため、模試は受けて、必ず見直し・解き直しをすることが大切です。「模試の受けっぱなしはNG」とよくいわれますが、それは受けること以上に、見直しをすることにメリットがあるからです。模試の受験・見直し・解き直しを繰り返して、得点力を上げていきましょう。

最後に、模試の見直しについてですが、息子は、模試を受けた当日の夜か翌日に、自己採点からの見直しをしました。どうしてもできない場合は、その週末にまとめてやっていました。なぜなら、**内容や解き方を覚えているうちにやるほうが効果的**だからです。

まず、自己採点をして全体を見直します。それから、時間がなくて解けなかった問題があればチャレンジしましょう。その後、間違えた問題を解き直します。自分の解き方を記憶しているうちに見直しをすると、その過程を覚えているのでなぜ間違えたのかがわかりやすい。間違いを修正して吸収するチャンスが高まります。

模試は当日（翌日）見直す。

入試当日の体調に気をつけても、本番はどうしても緊張します。加えて、問題との相性もありますから、苦手な問題が出て焦ってしまう、ケアレスミスをするなど、実力を出せずに入試が終わってしまうこともあるかもしれません。また、マークシートの塗り間違いによるミスも、意外に多いと聞きます。

まだ10代半ばの中学生。本番で、緊張や焦りが足を引っ張ってしまうことは、十分あり得ます。だからこそ、できるだけ「普段通りに入試に臨めること」が合格につながるのです。

時間配分やマークシート・記述など解答への対応は、繰り返しトレーニングすることで必ず養われ、実力の一部となります。慣れてくると、自分が取れるだろう点数が予測できるようになってきます。そのためにも、模試を受けることには大きな意味があり、できるだけ場数を踏んでおくというのは、入試にとっては必ずプラスになるでしょう。

模試を受ける理由

その1：学力の現状を知り、得点アップを狙うため

その2：受験生の中で自分の立ち位置を知り、志望校対策をとるため

その3：リハーサル形式で訓練し、入試本番で力を発揮するため

次に、高校入試向けの模試をいくつか紹介していきましょう。

❷ 模試の違い

では、模試の違いについて、都立高校受験や主に関東圏の高校受験に対応している模擬テスト（模試）を中心に、いくつか取り上げて見ていきましょう。

積極的に模試を受け始める前、「模試を受けるなら、VもぎかWもぎらしい」と、通塾する友人に息子が聞いてきました。

関東圏で二大勢力となっている会場模擬テストは、

①『Vもぎ』 進学研究会

②『Wもぎ』 新教育

です。

Vもぎは、（株）進学研究会が主催する中3生対象の高校入試対策模擬テスト。中1生、中

2生は受験できません。「都立Vもぎ」、「都立自校作成対策もぎ」、「県立Vもぎ」、「私立Vもぎ」の4種類があります。「都立Vもぎ」と「県立Vもぎ」（千葉県公立高校向け）は、8月〜翌年1月はより本番に近い「都立そっくりもぎ」「県立そっくりもぎ」として実施されます。年間延べ38万人、2学期になると毎月3万〜4万人が受験する。首都圏最大級の高校受験のための会場模擬テストです。（ウェブサイトより）①

Wもぎは、新教育研究協会が主催。中3生には、「都立そっくりテスト」「都立自校作成校対策もぎ」「神奈川県入試そっくりもぎ」「特色検査対策もぎ」「私立対策もぎ」の5種類があります。東京都と神奈川県対象で、延べ18万人、首都圏最大規模の40会場で行う模擬テストです。神奈川の中2生向けに「2年生対象Wもぎ」もあります。（ウェブサイトより）②

息子の場合、母数が大きいほうが参考になるのではとの考えから、受験者数の多い「Vもぎ」を活用しました。Vもぎは、8月に初めて受験して以降、合計6回受けています。内訳は、「都立Vもぎ」を8月に1回、

「都立自校作成対策もぎ」を10月、12月、1月の3回、「私立Vもぎ」は、10月と12月の2回、受験しました。

この他、「早稲田アカデミーオープン模試」（中2の12月）と、「中3駿台高校受験公開テスト」（11月）を1回ずつ活用しました。中3の8月〜翌年1月までに、Vもぎは6回、駿台模試を1回と、月1〜2回のペースで受験しました。

このように首都圏では、都立受験向け、都立自校作成問題校向け、県立向け、私立向けなど各受験に合わせた模試があるため、その中から、自分の志望校・受験校に合わせて受けましょう。

自校作成問題の都立が第一志望で、私立数校の併願受験をする予定だった息子は、中3の夏以降、その目標に合わせて模試を受けました。模試のスケジュールはハードでしたが、「模試を受ける理由」でお伝えした通り、**場数を踏むことも入試本番に向け、大切なこと**だと考えていました。

その他の模試では、全国開催の「駿台中学生テスト」、関西圏は「五ツ木模試」などがあります。また、「SAPIX（サピックス）」や「早稲田アカデミー」が行う公開模試も活用できるでしょう。

③「駿台中学生テスト」
駿台予備学校の中学生向け模試。中3生の対象は「中3駿台高校受験公開テスト」。北海道から九州まで全国各地で開催される会場テストで、国公私立難関高校を対象とした全国規模の模擬試験としては最大規模を誇る。「駿台の偏差値は他の模試よりも低く出る」といわれ、テストの母集団がハイレベルな受験生によって構成され、全国の難関高校合格を目指す受験生が集まる。

3教科か5教科の選択制。特定の高校や都道府県内の入試を対象としたテストではないが、全国の国公私立高校の合格判定を行う。（ウェブサイトより）

④「五ツ木模試」
延べ17万人（2018年）が受験する近畿圏最大規模の「会場模試」。その受験人数（母数）

と、50年以上にわたり実施してきたデータと分析力に基づく、精度の高い志望校判定を売りにしている。（ウェブサイトより）

模試を受ける理由は、先述した通りですが、もうひとつ、息子にとって大きかったのは、冬休みの最終面談前に、模試の結果を踏まえ、本人が第一志望校を確定できたことです。学力を自分なりに分析した結果、ある程度自信を見いだせたようでした。本人に「国高《くにこう》にチャレンジしたい」という覚悟ができ、その言葉を聞いて、親である私たちも腹が据わりました。

もちろん、模試は模擬テストなので、その判定結果を100％鵜呑みにするわけにはいきません。しかし結果をもとに、合格の可能性を自分たちで推測するこ

模試の違い

エリア	名称	種類・特徴	主催
首都圏	Vもぎ	都立、都立自校作成、私立、県立	進学研究会
	Wもぎ	都立、都立自校作成、神奈川県立、私立、特色検査	新教育
	「SAPIX（サピックス）」、「早稲田アカデミー」のオープン模試など		
全国	駿台中学生テスト	3教科or5教科の選択制。全国の国公私立高校を合格判定	駿台予備学校
近畿圏	五ツ木模試	中3五ツ木模試、中3京都模試	五ツ木書房

とはできます。模試結果の分析方法は、後ほど記述しますが、簡単に説明をすると、一番参考にしたのは「国立高校を第一志望にしている人数の中で、自分が何番目だったかという数字」でした。

東京の公立中学の3年生は約7万5000人（2020年）、Vもぎは毎月3万～4万人が受験しているので約半数が受験していることになります。

志望校の受験人数は、昨年度の受験者数を参考にすることができ、「例年何人程度」だとわかります。同じ高校を受験しようと考えている受験生全員が、同じ模試を受けているわけではないとしても、例えば、半分が受けていたと仮定すれば、おおよその順位は予想できると考えました。自分がボーダーライン前後か、もしくは少し余裕があるのか、模試結果の順位から予測しました。

ただし「Vもぎ」は、偏差値が高く出る傾向にあったので、模試の結果だけでなく、志望校の過去問を解いてみた点数と併せ、総合的に判断して、第一志望を確定しました。

表を参考に、それぞれの模試の特徴を捉えて、お子さんの目標校、受験スタイルに合わせて模試を活用してください。できれば、どれかひとつは**継続受験をして、弱点や学力の推移を定期的にチェック**するやり方がいいと思います。

問題の傾向はそれぞれに特徴があるため、どれがいいと述べることは差し控えますが、**目指す学校レベルに合わせてチョイス**することが大切です。また、成績の分析や合格判定の見せ方も、各模試によって違っています。

出題傾向や、返却される成績表をウェブサイトやパンフレットで比べるなどして、自分に合った模試を選んで活用しましょう。受験生の入試日までの時間には限りがありますが、もし可能であれば、異なる模試を受験することも、合格判定を比べられていいでしょう。

各模試には回数券があり、3回以上受験する場合は、1回500円などが割引されます。早めに計画を立て、同じ模試を数回活用する場合は、使いたい制度です。

受験生の時間は、無限にあるわけではありません。公開模試は土日や祝日開催のため、受けられる回数が限られます。どの模試が自分の受験スタイルや志望校に向いているのかきちんと調べて、計画的に活用してください。

このように、模試を受けることは塾なし受験の場合、とても重要な意味があります。模試は、自分の受験校に合わせて選び、個人で必ず受けましょう。

そして、最も大切なことは、模試は受けっぱなしにせず、覚えているうちに見直し、解けなかった問題、間違えた問題は、必ず復習することです。繰り返しそうしていくことで、徐々に学力の補強ができ、弱点が少なくなり、得点がアップしていくでしょう。

計画的な模試受験の活用の先に、志望校合格が見えてきました。

模試は志望校に合わせてチョイス。計画的に継続受験して、学力の推移を見よう。

❸模試、結果の見方とその分析法

最後に、模試の結果をどのように見ていたか、そこからどう分析をしたか、説明をしていきたいと思います。返却された結果の判定だけを見て、喜んだり落ち込んだりするだけではもったいないです。見るべきポイントがあります。

ただし、住んでいる地域や志望校、受けている模試が違う場合は、当てはまらないこともあると思います。その場合は、参考程度に読んでいただければと思います。

模試を受ける理由は先ほど説明をしました。そこで説明した主な結果の着目点は、

- 合格可能性判定
- 第一志望累積順位（都立）
- 志望校前年度推計順位（私立）
- 成績の推移

でした。また、息子の場合、志望校決めに役立ったのは累積順位（第一志望校にしている人数の中の順位）だと書きました。ここで、異なる模試を受けた目的を説明しておこうと思います。

●「都立」「私立」など受ける模試を複数にしたのは
⬅第一志望校対策に加え、併願する私立高校対策のため

●同じ模試の継続受験をしたのは
⬅学力の推移を見るため

●主催者の異なる模試を受験したのは
⬅問題のレベル、受験者数の異なる場合の判定や順位を知るため

基本的には、**メインとなる模試を決めて継続受験**をすれば、問題ないでしょう。合格判定や推定順位、学力の推移などを見ていくことができます。その際には、**志望校に合わせた模試を選ぶ**ことが大切です。そうすれば入試までの学力の補強に加えて、合格判定やライバル中の順位、併願パターンなどから、志望校を判断・決定する材料になるでしょう。

特定の模試だけでは不安がある場合は、別の模試を受験してみることをおすすめします。異なる模試を受けることで、偏差値はもちろんですが、その**模試を受験する生徒が異なると、判定や順位も変わってきます**。また、模擬テスト自体、出題傾向が違うため、実力を試すいい機会、実践練習になります。

息子は、都立対策模試と私立対策の模試を中心に、実力を見るために、主催者の違う模試も受けました。このように選んで受験した模試の結果を、総合的に見て判断したというわけです。例えば、私立対策の模試は、継続受験をしたため、2カ月後は合格可能性が20%アップして、志望校別の推計順位も上がりました。よくある併願パターンも合格可能性が記載されるため、第二志望以下の私立高校は、これを参考にして決定しました。

私立については、日程が重ならなければ複数校受験は可能ですが、実際に好きなだけ受けられるというわけではありません。息子は3日連続入試というスケジュールで、とてもハードだったと思います。中学の進路指導の先生から、「もし初日に第二志望に合格したら、残りは受験しなくてもいいのでは」と言われましたが、本人はチャレンジしたいと3日続けて3校受験しました。

第一志望の都立高は、12月の都立向け模試の結果を踏まえて、都立国立高校に決定しました。12月の模試で、もし学力が伸びていなかったら、別の自校作成問題の都立高校にすることも考えていました。息子は、併願優遇という保険がなかったため、どうしても不安がある場合は、都立は偏差値を下げて受験校を選ぶことも視野に入れ準備をしていたのです。

最後のこの決定をする際に役立ったのが、累積順位でした。自分の第一志望校を同様に第一志望とする受験生（ライバル）の中での順位です。その模試を受けた受験生という条件はありますが、受験生何人中何位と出るので、受験者が多ければ、入試に近い状況である可能性があります。

ここ数年、国立高校の入試受験者数は200人ほどです。12月の模試で同じく国立高校を第一志望にしていた受験者は１８０人弱でした。この模試結果の累積順位を参考にして、自分がボーダーラインからどのあたりにいるのかを予測しました。模試結果が届いたのは、12月20日頃。タイムリミットぎりぎりで、息子はこの結果を見て、自分で第一志望を選択したのです。

都立高校に関していえば、同じ学力レベルの受験生が多く受験します。実力の近い同級生のライバルの中で、自分がどのあたりの位置にいるのか、少し予測できることは、志望校決めにはプラスの材料でした。

最後に模試についていては、大切なことがもう

累計順位の箇所（模試結果アップ）

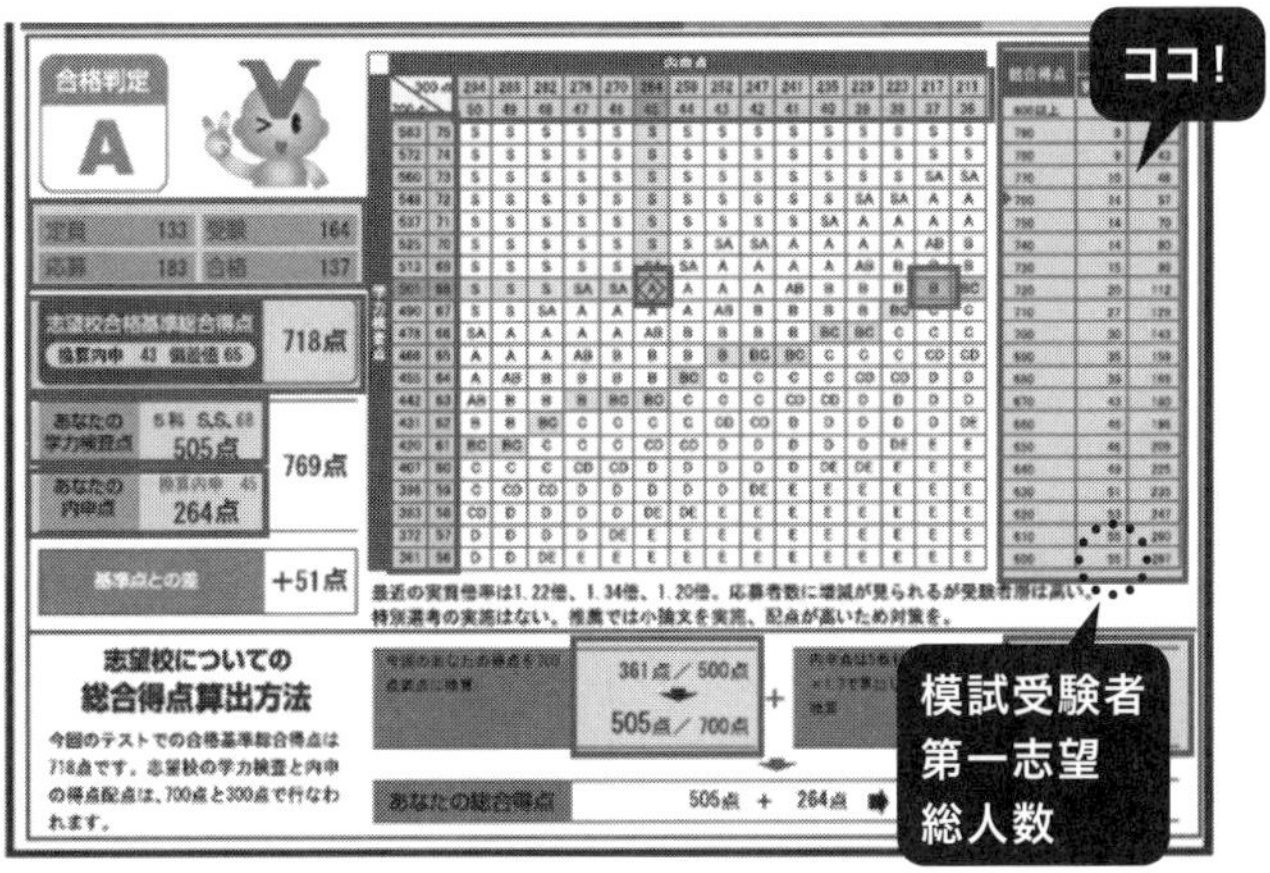

ひとつ。それは、子どもも親も、結果に一喜一憂しないこと。**模試は模試で、単なる通過点であり、本番ではありません。**ゴールに向かって修正をするために受験していることを、常に忘れないようにしましょう。

特に、**結果（判定）が悪かったときの、親子のやりとりは大切。**判定よりも、どこをどのように間違えたのか、その分析と復習がポイントになります。

結果が悪かったときこそ、チャンスと捉え、「どこが悪かったのか？」「なぜ悪かったのか？」、そして、どうしたら本番につなげられるかを意識して、前向きな会話を心がけてください。

同じようなミスを繰り返したときは、気をつけるように注意をしました。伸びた部分、修正できた部分などを褒めながら、うまくモチベーションを上げていくようにしましょう。

模試の結果が悪いと機嫌が悪くなった息子に、私は、

「本番でなくてよかったね。今、間違えてラッキー。入試で挽回できる」と、いつも声をかけました。悔しさや、ネガティブな気持ちを勉強に向かわせる言葉選びをしましょう。

できなかった悔しさ、不安を勉強に向かわせる。

今できなくても、入試当日に力を出して合格できればよいのです。くやしい気持ち、自分はダメだというネガティブな気持ちや不安を、勉強に向かわせてあげられるのも親である私たちの言葉次第。大人になってもそうですが、**失敗から学べることはたくさんあります。**

受験生にとって、模試は模試。所詮、模試なのですから、結果に振り回されず、その模試を本番に生かすことを意識的に考えましょう。模試で大切なのは、結果ではなく、その結果を招いた中身だということを、特に親は肝に銘じて、一喜一憂することなく、受験生を支えられるといいですね。

模試は結果から学ぶためのもの。

第7章

「塾なし受験」ラストスパート、入試直前から合格発表まで

3年生の12月、最後の三者面談で受験校を決定すると、高校受験はいよいよラストスパートに入ります。入試が近づく直前の時期にポイントとなるのは、「受験勉強の総仕上げ」「願書作成と出願」「体調管理」ではないでしょうか。

体調管理については、これまで以上に、日々注意しながら過ごすことになります。新型コロナウイルスをはじめ、この時期に気をつけたいインフルエンザや風邪なども、本人だけでなく、うつさないように**家族全員が感染予防に協力する**ことが大切です。

ここまで自分なりに勉強を進めてこられた受験生も、あまり計画通りにできていない受験生も、それぞれに悩みや不安を抱えながら入試直前期に入ります。絶対に大丈夫と思える受験生はひと握り。入試が迫ると「あれもこれも」と気持ちは焦りがちですが、**限られた時間だからこそ、自分の課題を明確にして過ごす**ことが大切です。

最終章である本章では、受験勉強の総仕上げを中心に、①冬休みの過ごし方、②願書作成から出願、③入試直前の勉強法、の三つを柱に述べていきます。入試が迫ってくるこの時期に、何を意識してどのように過ごしたのか、塾なし受験で大切だと考えたことを挙げていこうと思います。

❶ 冬休みの過ごし方

クリスマスから年末年始といえば、世の中は普段以上に楽しい雰囲気になりますが、受験生にとっては、年が明ければ一気に入試が近づいてくるため、例年通りに過ごすというわけにはいかないですね。冬休みをどう過ごすかは、入試が迫る受験生にとって大きなポイントになるでしょう。

塾通いの受験生は、冬期講習に意欲を出す仕上げの時期です。同様に塾なし受験生も、まとまった時間を使うことができる最後のチャンス。冬休みは、目標を明確にし計画をしっかり立て、できるだけ規則正しく過ごすことが重要です。

冬休みに意識したいことは、二つあります。ひとつは、生活習慣を見直し、生活のリズムを整えることです。特に夜型の子どもについてですが、夜中に勉強がはかどるタイプの子どもは、**朝型に少しずつでも変えていく**ほうがいいでしょう。

冬休みは、朝から計画的に勉強できるチャンスなので、一緒に生活リズムを朝型に変更しやすいでしょう。普段、深夜遅くまで勉強している受験生も、冬休みは朝から勉強を始めてみましょう。朝寝坊をしてしまうほどの夜更かしはやめ、午前中から机に向かって勉強する習慣をつけることが、入試につながります。

学校によって違いはありますが、入試は、大体、朝の8～9時に開始されます。その時間に合わせて生活リズムを整えて勉強をしておくことは、**脳の働く時間を入試に合わせておく**ことになります。

夜型タイプの子どもは、普段、授業中に眠くなってしまうこともあるでしょう。入試は5教科の場合、朝から始まって昼食後も続きます。日中に眠くなる、ボーッとしてしまうことがないように、入試までに生活リズムを調整しておきましょう。

入試当日に向けて、脳を朝型に。生活リズムを整えて。

限られた入試までの時間、受験生である子どもたちそれぞれに必要な勉強は違っています。そこで、冬休みを有意義に過ごすもうひとつのポイントは、課題をはっきりさせ、的を絞った勉強をすることです。

入試が徐々に近づくと焦りや不安も出てきますが、**冬休みは、まだやり残しに対応する十分な時間があり、巻き返しが可能**です。そこで、この時期はあれもこれもと焦らずに、自分の課題をしっかり見つめて、効率のいい勉強をしましょう。

例えば、苦手の克服が必要だと感じるのであれば、冬休みは苦手克服のラストチャンスと捉えましょう。苦手な単元は、基礎的な問題をたくさん解いていきましょう。間違えたらできるまで繰り返し解いてみましょう。

苦手には、単元の他、例えば並べ替えや抜き出し、長文などといった問題の形式もあります。これらも、間違えた問題や類似する問題を繰り返し解いて、形式に慣れるようにしましょう。できるだけ、入試までに苦手意識を減らすという目的意識をもって、冬休みを過ごすことが大切です。

冬休みの使い方として、中でも特に、志望校の過去問をどんどんやっていくことをおすすめします。冬休みは午前中から時間を使えるため、時間を計って入試当日と同じ条件で過去問を解くことができる貴重な機会です。過去問は、繰り返しやっていいと思います。

息子も、冬休みは、過去問を解くことを中心に勉強しました。過去問をリハーサル形式で、時間を意識しながら解きます。翌日は、間違えた問題を見直し、解き直す。間違えた問題を整理して、知識の確認や演習が必要ならやってみる。冬休みはこれを繰り返し、やるべき課題を明確にしました。本番までにやり残しがないか自分で探しながら、一日一日を過ごしました。

取り組んでいる内容は、うまく会話をしながら共有していました。受験も終わりに近づくと、私が何かアドバイスをしなくても、課題が見えるとその課題に対する対処法も自分で考え、選んでやるようになっていました。

対過去問の狙い

- ●志望校の入試パターンに慣れる
- ●出題形式に慣れる
- ●時間・ペース配分を決める
- ●ミスをしたくない問題を万全にする

これらの課題は、入試で最大に得点するという目的のために必要な作戦で、これまでの受験勉強でも意識してやってきましたが、ここで総仕上げに入りました。

過去問の章で詳しく述べましたが、100点を目指すのではなく**合格ラインより上を目指して、自分がイメージする最大の点を取れるように対策**をしていきましょう。

過去問というツールをやり込んでいくと、志望校の問題構成や形式に慣れていきます。実践的に過去問に挑戦することで、本番のイメージトレーニングができるというわけです。

さらにこの時期、過去問を何度も解くことで、最後にどの単元を、どんな問題を強化すれば合格点に届くのかが見えてくるでしょう。ミスや間違いから、本人が自分に必要だと考えるポイントに絞って、勉強してみましょう。

息子は、過去問の結果と見直しから分析をして、残された時間に何を勉強したらいいのか、自分で考えるようになりました。例えば、英語の長文は、時間を設定して速く読み解く練習をする、数学の落としたくない単元を重点的に復習する、などでした。

このように、本人が課題を明確にして冬休みを過ごせれば、きっと学力を伸ばせる総仕上げになるでしょう。

もちろん、冬期講習を仕上げに受講するという選択肢もあります。塾なし受験でも、プロが考えるギュッと凝縮された短期講習をうまく使っていく方法もあると思います。自分に必要な講習があり、冬休みは短期講習で仕上げをしたいと考える受験生であれば、取り入れていいと思います。

我が家も短期講習は検討しましたが、ずっと塾なしで受験勉強をしてきたので、やはり最後まで自分でやってみる、という結論に至りました。どちらかというと、冬休み中は、本人が考えているや**るべきことがすでにあり、塾にいく時間がもったいない**と感じたことが大きかったです。塾のメリットは理解していますが、勉強のペースができあがれば、通塾のような自分のペースが乱れる勉強法は必要ないと感じていたようです。**残された時間に何の勉強が自分に必要なのか、本人がしっかり考えて受験勉強をできていた**ことが、塾なし受験を成功に導く鍵になったと強く感じています。

「勉強する」こと自体を、親はサポートできません。本人の意志、選択、自考する力、そして自分で最後まで努力する以外に合格する方法はないのです。

「冬休み」という貴重な時間をどう使いたいかは受験生それぞれですが、入試が間近になれば、あれもこれもと焦りがちです。冬休みを有効に使うためには、的を絞った勉強で効率よく、そして過去問でしっかり志望校対策をすることが大切です。

冬休みが終わると3学期。長かった受験プロジェクトもいよいよ最終コーナーを過ぎました。1月は出願や推薦入試が始まり、受験生本人も周囲も一気に慌ただしくなります。努力した成果を出せるように、入試日から逆算しつつ、最後まで塾なし受験を計画的に進めていきましょう。

冬休みはやり残しを巻き返す時間、過去問をやり込む。

❷ 願書と出願について

1月に入ると、いよいよ出願期間がやってきます。保護者のみなさんは、出願スケジュールをきちんと確認しておき、年末年始など時間があるときに願書の作成を進めておきましょう。フルタイムで働いている保護者の方は、なおさら計画的に取り組みましょう。

息子は一般入試の受験校が4校あったこともあり、この時期、親としては何かもれがないか緊張しました。通常、受験校は2〜3校という生徒が多いようです。

※以降、ここに書く内容は東京都の場合です。都外にお住まいの受験生の受験事情は異なり、受験制度や出願期間、入試日にはずれがありますので、ご注意ください。

推薦、一般ともに、公立入試の前に、私立入試が始まります。私立高校の書類入手は家庭での準備になります。願書提出方法の確認と併せて、早めに準備を進めましょう。
第一志望が都立（公立）の場合、落ち着いて都立を受けるためには、併願受験をする私立に合格しておくことがとても大切です。そのため、東京の多くの受験生は、滑り止め対策として併願優遇で私立高校を受験します。併願優遇については、導入編でお話ししていますが、私立高校が内申によって合格の確約をし、都立高に不合格だった場合は、その私立高校に入学することを約束する東京の私立独自の受験制度です。

併願優遇を利用するための条件は、
①高校が設定している内申点基準をクリアする。
②12月、中学校の先生と高校の間で、併願優遇を利用することを事前に確認する。
③一般入試を受験する。

併願優遇も一般入試を受けますが、この3条件でほぼ合格が保証されます。この制度を利用すれば、事実上、12月にはその高校に合格ということになります。一般入試の点数は関係ない学校がほとんどですが、高校によっては入試の点数に加点する学校もあるので、事前に確認をしておきましょう。

併願優遇制度を利用するメリットは、進学する高校があるという安心感でしょう。安心感をバックに、第一志望の都立に合格できるように、きたる都立高校入試までしっかり勉強を続けることが大切です。

では、出願の大まかな流れを簡単に説明しておきましょう。

出願についてですが、従来は、出願期間中に窓口持参や郵送する方法が主流でしたが、近年はインターネット出願が増えています。ただし、高校入試は、調査書や推薦書などの提出書類があるため、多くの学校がインターネット出願と書類の郵送を併用するかたちをとっています。

出願時期は、時期が重なる場合が多いため注意が必要です。書類は学校の窓口に持参できる場合もあるなど、それぞれ違いがありますので、出願方法や期間は募集要項でしっかり確認することがとても重要です。

一般的な出願の流れ

12月、最終三者面談で受験校を決定

↓

12月15日〜

●私立高校入試相談開始（※中学校の先生と高校）

冬休み中

●学校側、調査書作成　※指定用紙がある場合、家庭から中学校に提出

●私立の願書作成（家庭側）

↓

1月15日〜

●私立推薦入試から出願開始　※インターネット出願が増加

↓

●出願サイトから項目入力

●入学検定料の振り込み

●受験票・宛名票などを印刷、顔写真貼付（データアップロード可能な場合も）

●インターネット出願後、簡易書留やレターパックで願書一式を高校に郵送

⬇

●試験日当日は、受験票を持参する

⬇

以上が一般的なイメージですが、このような流れで受験校に出願をします。

時期は、東京都の場合、私立推薦が1月15日から、私立一般入試は1月25日から解禁されます。都立高校の一般一次出願は2月です。出願期間は受験校で異なるため、中学校や私立の各高校、都道府県教育委員会が発表する情報を早めに確認しておきましょう。

出願の準備期間と出願時期は、保護者の負担が増えます。勉強は本人しかできませんが、【出願の流れ】にある願書作成や検定料の振り込み、ネット出願、願書郵送などの出願関係は、保護者の役目になってきます。特に、フルタイムでお仕事をされている保護者のみなさんは、休日の時間などを計画的に使って準備を進めておきましょう。

❸ 入試までカウントダウン

入試まで1週間

カウントダウンができるほどにXデーが近づいてきました。もう1週間前だと思うと、焦りや緊張から不安な気持ちが湧いて、ソワソワするかもしれません。息子は「ヤバいな」を連呼していましたが、意外とまだプレッシャーを感じている様子はありませんでした。

この時期、息子は入試までにやっておきたいことが本人の中で明白だったので、それらをやること以外は、あまり気にしていませんでした。落ち着いて、やれるだけのことはやっておこうと勉強していました。計画的に勉強を進めていると、焦りや不安よりも「やらねば」という考えが先に出て、落ち着いていたように思います。

この時期に何をすればいいのか焦ってしまう場合は、もう一度、これまでにやってきた過去問や模試を本番の形式で解いてみましょう。直前も過去問でリハーサル体験を積んでおけば、入試本番に落ち着いて取り組めるでしょう。

息子は、制服を着て過去問に取り組み、臨場感を出していました。時間割を本番と同じにして、休憩や昼食なども入れて、本番さながらのスタイルで取り組みました。こうすることで当日のシミュレーションができ、当日のペース配分や時間の確認ができます。

この頃に新しい参考書や、本人が難しいと思う参考書に手をつけることはやめておきましょう。まだひと月あれば大丈夫ですが、残り1週間では、解けなかった・わからなかった場合に、不安や焦りが大きくなって自信をなくしかねません。知識問題であれば、覚えるだけで済みますが、そうでない新しい問題は、やめておくほうがいいでしょう。

もう一度、志望校の過去問をやってみる。

先ほど、直前に新しい問題集はやらないと書きましたが、**理科・社会の総復習だけは、新しい参考書で行いました。**これは、暗記・知識問題の確認をする目的で取り組みました。

●『高校入試　10日でできる！　中学3年分まるごと総復習　理科』（文英堂）

●『高校入試　10日でできる！　中学3年分まるごと総復習　社会』(文英堂)

この2冊は、最後の総仕上げ用に準備して購入していました。本人が1週間を切ったらやると決めており、10日はかけずに、3日ほどでやりました。**理科・社会は、最後までしっかり暗記や理解の総復習をすることで、直前でも得点アップにつなげる**ことができるでしょう。

理科・社会は、総復習で知識の確認を。

勉強をするのも受験をするのも本人です。保護者はここまでくれば、あとは体調管理だけをしっかり考えてあげながら過ごしましょう。

入試前日

いよいよ本番前日、最終調整日がやってきました。本番までとうとう24時間なので、やり残していることがあるような気がしてソワソワするかもしれません。まず、朝は、入試当日の時刻に合わせて起きてみましょう。

長い受験プロジェクトの冬休みまでは、ある程度必要な勉強の計画を相談しながら決めていましたが、前日の勉強にかかわらず、直前の勉強については、本人が必要だと考える勉強を自分で選択してやりました。親として、全体の大きな計画や月単位の目標は一緒に考えましたが、週単位や日ごとの詳細な計画は本人に任せるほうがよいでしょう。

入試を受けるのは受験生本人。ここまでくれば、実力は本人が一番わかっているはずです。最終段階で補強したい、やっておきたい勉強を自分で選ぶのは当然。塾なし受験のいいところは、本人が自分の学力を分析して必要な対策（＝勉強）を考えることにあります。息子は前日、最後にやっておきたいことを中心に、各教科の要点確認などをしていました。

ポイントは、使い慣れた教材を使うこと。暗記・知識の確認や苦手単元をさらっと確認するなどして過ごすほうがいいでしょう。自信をなくすといけないので、前日は難しい問題はやらず、今までの復習をすることが大切です。そして、無理をしないでいつも通りに寝ましょう。

勉強の他に、入試前日に大切なことがあります。

●入試当日の持ち物チェック
●交通手段、天気の確認

この二つは、前日に必ず確認をしておきます。ただでさえ緊張する入試日に、万が一トラブルが起こってしまうと、平常心で挑めず実力を発揮することが難しくなります。そのような事態をできるだけ避けられるように、準備は万全にしておきましょう。交通手段は、通常ルートが遅延や不通になることも考えられるので、迂回ルートもしっかり頭に入れておきましょう。

入試当日の朝はバタバタせずに出かけられるよう、前日にきちんと準備をしておくことがとても大切。各学校で入試の際の持ち物には規定があるので、前日に最終確認をして準備しておきましょう。

保護者の心構えとしては、前日だからといって何か特別なことをしたりはせず、いつも通り普通に過ごせるようにサポートをしてあげましょう。前日に食事などでゲンを担いだりすることは、避けるほうがいいと思います。

食事は、冷たいもの、生もの、脂っこいものなど胃腸に負担がかかる食べ物は避けます。**食べる量や食べる時間もいつも通り、慣れた食事を準備**しましょう。リラックスして入試に挑めるように、親はプレッシャーをかけないよう、普段通りにすることがとても重要です。

塾なし受験もここまでくれば、家族全員でやり切ったことに価値があります。本番で実力が発揮できるよう、入試前日はリラックスして過ごさせ、勉強は追い込まないで軽めにしましょう。お風呂に入って体を温め、ぐっすり眠れる環境を整えてあげてください。

さあ、明日はいよいよ入試本番です。

入試当日

ついに、目指してきたXデーです。我が家では、まず私立一般入試から、そして第一志望の都立入試へ。塾なし受験プロジェクトの成果を出すときが、やってきました。併願する第二志望の私立高校に合格していいスタートを切りたい、と心から願いました。

実力を100％出し切って合格するために、大切なことがあります。

入学試験当日、会場となる学校には少し時間に余裕をもって到着するようにしましょう。どうしても緊張しますから、ゆとりをもって行動するほうが心に余裕が生まれます。

朝は少しだけ早く起きて、時間に余裕をもって出かけましょう。朝食は消化のよい食べ慣れたメニューにします。忘れ物にも気をつけましょう。時間に余裕があれば、朝にハプニングやトラブルが起こっても、落ち着いて対応することができるでしょう。

平日、首都圏などの場合は、朝の通勤ラッシュに注意が必要です。息子もそうでしたが混んでいる電車に乗り慣れていないため、疲れてしまうかもしれません。時間に余裕をもち、すいている車両を選ぶなどして対策をしましょう。

入試当日の動き方については、中学校からもプリント配布がありました。遅刻などハプニングやトラブルが起こったときの対処も書いてあるので、プリントが配られた場合は内容を確認しておきましょう。

時間には余裕をもって。

あとは、自信をもって実力を発揮するだけ。当日は集中力が高まっているので、試験開始の数分前まで暗記や用語の再確認をして、あきらめず最後まで粘りましょう。使い慣れた教材で最終チェックをすることで緊張をほぐし、落ち着くこともできます。

入試の朝、息子に強く伝えたことは、「もし、国語があまりできなくても、引きずらないで忘れること。他の教科で挽回できるから」でした。

国語は朝一に試験がある場合がほとんどで、国語の苦手な息子は、最初につまずいてしまうと引きずってしまう可能性がありました。少し心配だったので、済んだことは気にせず、残りの試験で力を出せるよう自分で切り替えることを最後に伝えました。

できなかった・間違えた問題は気になりますが、そればかり考えていては悪循環。まだ試験が続く入試当日は、**次の教科への切り替えがとても大切**です。済んだことは忘れて、休み時間は次の教科にしっかり頭の中を切り替えましょう。

当日はできなかった問題を気にしない。

試験が終わったあとは、緊張と疲労でくたくたでしょう。まだ入試が続く受験生は、ここからは体力勝負。特に入試が連日ある場合、体調を崩さないように、試験後は休息をしっかりとることを心がけてください。食事と睡眠に十分気をつけて、体力を回復させておきましょう。

入試期間が始まれば、試験で実力を100％発揮できるよう、体調を整えておくことが最も重要になります。緊張を味方に、自信をもって実力を全部出し切りましょう。

コラム⑩

合格祈願

学問の神様、菅原道真公を祀る関東の三大天神をご存じですか。

- 湯島天満宮
- 谷保天満宮
- 亀戸天神社

この三大天神は、受験シーズンには、多くの受験生が合格祈願に訪れる人気のパワースポットです。中でも「谷保天満宮」は、東日本最古の学問の神社で、国立市にあります。第一志望校のお膝元でもあったため、初詣と併せ、受験シーズンを迎える前に二度お参りをしました。湯島天神には、夫婦で合格祈願に行ってきました。

旅先で「宇賀多神社《うがた》」（三重県志摩市）という縁起のいい神社を見つけたことがありました。「受かった」と発音できるため縁起がよく、受験生のパワースポットになっています。中3の夏、家族で参って合格祈願をしました。

全国の受験生に味方する学問や勝負の神様は、日本中に祀られています。神様にお願いをしておくのが準備になるかどうかはわかりませんが、子どもに応援の気持ちを伝えることはできますね。また、受験という子どもの節目を家族で楽しめる一側面だと思います。

「神頼み」とまではいきませんが、やはり合格祈願はしておきたいもの。本人が望めば、受験勉強の息抜きにもなるので、感染症対策をきちんとして、一緒に合格祈願に出かけてみてはいかがでしょうか。

❹合格発表・入学手続き

長かった塾なし受験プロジェクトが終わりに近づいています。受験する学校数によりますが、数日にわたる入試日を無事に乗り切ることが、最後の大きな山となるでしょう。

息子は、2月10日から3日連続で私立高校を受験しました。ハードなスケジュールだっためかなり疲れていましたが、体調を崩すことなく乗り越えました。入試が始まると受験生はとても緊張するでしょうから、体調面への目配りは絶やさないようにしましょう。

私立受験では、多くの学校で、翌日インターネットで合格発表が行われます。数校受験する場合は、入試日と合格発表が重なることがあり、その場合は、入学試験・合格発表・入学手続きが重なる慌ただしい週になります。

【例】

2月10日（初日） ○中大附属高校受験日

11日 △本郷高校受験日／○中大附属合格発表日

12日　◇青山学院受験日／△本郷合格発表日／○中大附属手続き日
14日　◇青学合格発表日
　—
2月21日　都立一次入試
3月2日　都立合格発表／△本郷高校手続き日（※公立との併願で延納希望済み）

2日目は、本郷の入試だった息子の代理で、私がウェブサイトから合否の確認をしました。また、夫と手分けして合格掲示を確認しに現地にも行きました。合格した高校には、入学手続き書類を受け取りに行かなければなりません。

息子は幸い、併願した私立3校に合格しました。合否の可能性はいろいろなパターンがあったので、それぞれの場合の手続きについて、夫婦の役割は事前に確認しておきました。複数校受験の場合は、合格発表を含め、当日の動き方の確認が必要になります。日程が重なる場合は、家族の協力が必要です。

息子は、初日に受けた中央大学附属高校が第二志望だったので、期日までに入学手続きを済ませました。これで、安心して第一志望に挑戦できるというわけです。そうです、公立受験の本番はこれから、私立受験の後なのです。東京の場合、最初の私立合格発表から10日後に、都立の一次試験があります。併願校に合格した後も、集中力を切らさずもうひと踏ん張りできるかどうか、これが受験生にとってラストの勝負どころです。

私立の合格を受け安心したこともあり、息子は気持ちを切り替えて、都立入試に向け、最後の総仕上げを始めました。第一志望校受験まで、あと残り1週間。残り1週間の勉強や過ごし方は、先ほど述べた通りです。

入学金について

初日に受験した大学附属の私立高校は、都立志望でも入学金を期日内に納めなければならない学校でした。一方、2日目に受験した高校は、都立第一志望の申請をすれば、都立の合格発表まで入金を待ってくれる学校でした。このように、入学金の扱い方は学校によって違いがあります。お金の問題は大切ですから、事前にしっかり調べて親子で納得のいく選択をしておきましょう。

最終的に都立に合格したので、2日目の学校を保険にすればよかったのではと思われるかもしれませんが、息子は、もしどちらの私立も合格した場合、都心にある2日目の学校よりも初日に受験した付属高を希望したため、入金して入学手続きをしました。都立に合格した場合、お金は返還されないと理解した上での選択でしたが、もし都立が不合格だった場合は、この附属高校で高校生活を送りたいと考えていたからです。

都立の合格発表まで入金を待ってくれることを条件に、併願受験校を決定する選択もできますから、この入学金の問題については、事前に確認をしてどう対応するのか親子で話し合っておくことが望ましいでしょう。

都立国立高校合格発表

都立入試は、終わってから合格発表まで10日もあります。子どもたちはこの間、とても不安な気持ちで過ごすのでしょう。とはいえ、進学できる学校（併願校）はあり、入試も終わったので、ようやく受験から解放されます。親としては、都立合格を願いつつも、この約1年、塾なしで受験勉強を頑張った息子を慰労するぞと決めていました。

自己採点をした息子は、理科と社会の得点が思ったほど伸びなかったため、かなり不安だったようです。国語と英語の部分点が読めないこともあって、もう少し他教科で取りたい気持ちがあったからか、しばらくは自分の不出来に対して愚痴をこぼしていました。「終わったことはもういいから」と何度か話しましたが、発表を待つ間は気が気でなかったと思います。

当時、私たち夫婦の親としての考えは、塾なしで受験を乗り越えて息子は大きく成長できたので、もし都立高校に不合格でも、第二志望の私立でしっかりやっていけるだろうと思っていました。この学校も「勉強と野球を両立させて頑張れる場所」だと本人が納得して選んでいたからこそ、もし「不合格」という残酷な事実を突きつけられたとしても、腐らずに高校生活を送れるだろうと考えていたのです。

そして3月2日、小雨の降る中、掲示板に受験番号を見つけたときのホッとした息子の笑顔を忘れることはできません。こうして、私たち家族の「塾なし受験プロジェクト」は、無事に完了しました。

「第一志望校合格！」

そして、**最大の成果は、これを成し遂げた息子の成長と家族の絆が強くなった**ことだったのです。

塾なし受験を通して得たもの。

- 第一志望合格
- 経済的・時間的メリット
- 息子の成長
- 家族の絆の強まり

高校生にもなると、親との関わり方も十人十色。家で学校のことはほとんど話してくれないという話を聞くたびに、塾なし受験での家族のコミュニケーションの深まりはとても大きかったと思います。もちろん塾なし受験の主役は息子ですが、家族の協力があってこそ成し遂げられたことを、本人は自覚しているのだと思います。入学して以降、コロナ禍で思うように高校生活が送れなかった状況下でも、「家族」という単位で見れば、楽しく前向きに過ごすことができました。

今の私たち家族の絆や在り方、互いの関わり方は、息子の受験期の1年間を乗り越えたおかげもあると思います。

合格体験記

1年間の受験勉強を通して、塾にいきたいと思ったことはなかったです。正直に言うと、夏期講習について調べることも少し面倒でした。合格する自信があったわけではないけれど、12月の模試結果の判定と順位から、少し自信がもてました。推薦に落ちてしまったので、一般では絶対に落ちたくないと思いました。志望校を下げることも絶対にしたくなかった。「絶対に途中であきらめない。絶対に合格する」と強く思いました。

高校に入った今、部活で忙しく勉強時間は限られているけど、あまり苦労はしていません。勉強習慣がついたからだと思います。短時間でも自分でできることが増えました。受験が終わって塾をやめてしまい、定期テストで苦労をしている子もいるみたいです。

合格につながったと思う勉強は、「過去問を繰り返しやったこと」と「苦手をつぶす勉強をしたこと」です。志望校の過去問を何度も解いたことで、問題の形式に慣れ、本番は落ち着いてできました。

苦手な国語は、文章を音読する訓練をしました。問題をたくさん解いていくうちに、少しずつ正しい選択肢が選べるようになりました。推薦対策に小論文を書く練習をしたので、作文力が少しはついたかなと思います。

英語は、長文問題に出てきた知らない単語をノートに書き留めて覚えるようにしました。

数学はとにかく問題をたくさん解きました。参考書は、『塾技100 数学』（文英堂）と『特訓シリーズ』（東京学参）がためになった。自分に足りない部分を補えたかなと思います。解説を見てもどうしてもわからない問題は、中学校の数学の先生に質問しました。

受験で感じたのは、塾にいっているかどうかはあまり関係ないのかなということです。大事だと思うのは、勉強をしているかどうかです。目的をもって、自分のためになる勉強を続けることが受験には大切だと思います。あきらめないで粘り強く、最後まで自分に必要な勉強をやり続ければ、結果はついてくると思います。

高校入学後、学校に個別に請求をすれば入試結果を開示してくれる制度があります。その制度を利用し、入試結果を知りました。息子の「国数英3教科」の結果は、初めて国立高校の過去問に挑戦した中3の9月に比べると、5カ月で60点アップしていました。

過去問を始めたときは、あまりに点数が取れず、明るく励ました記憶があります。中3の2学期初めでもまだそのような状況でしたが、3月2日・合格発表の日、息子は合格。小雨の中、掲示されていた自分の受験番号を見つけたとき、息子は本当にいい笑顔をしていました。

塾なし受験をやってみて、自ら考え勉強する習慣を身につけられたことが一番大きな収穫でした。高校生になった今も、自分で計画的に考えて勉強する習慣が身についています。「塾でしか勉強をしてこなかった生徒は高校に入って伸びにくい」。これは、実際に高校の先生から聞く話です。高校から大学へと学びが続いていく中で、主体的に考えて自ら学べる生徒にならなければ、学力は伸びないということです。

小学校で習わせてよかったと思う習い事は、「珠算（ソロバン）・暗算」です。息子が珠算を始めたのは小学3年生で、早いほうではありませんでした。その頃すでに、本人は野球にばかり熱心だったので、先々の世界が狭くなるのではないかと気になっていました。ソロバンは向いていると直感していたので、まず1カ月体験することを勧めました。本人は、最初あまり乗り気ではありませんでしたが、徐々に面白さがわかり始めると、以降はいやがることなく中1の夏まで続けました。

中1夏の昇段試験に合格するまで、ソロバンは週2回、通いました。関東大会に出場した経験もあり、暗算は三段をもっています。珠算を通して、よかったと思うことのひとつは、集中力がついたことです。時間内に集中して問題を解く鍛錬を繰り返すことで、圧倒的に集中力がつきました。さらに、競技会や昇段試験を経験したことで、緊張の中、本番で実力を出すことの難しさも何度か体験していました。これらは、受験勉強や受験自体に必要なことなので、鍛えておいて損はなかったように思います。

また、暗算を特技にできたことは、数学の勉強には有利だったと思います。計算することにあまり時間をかけずに済むので、時間配分に少しプラスに働いたことでしょう。暗算は、仕事や生活の中で大人になっても役立つ「生きる力」のひとつ。ソロバンの上達以上に、暗算力・集中力がつくという面でおすすめの習い事です。

息子は、幼い頃から残りのほとんどの時間を大好きな野球に使っていましたから、読書や観察などに時間を費やすことは、ほとんどありませんでした。受験勉強を始めたときの国語の力不足は、そこに起因したのではと推測します。今もまだ、国語は苦手意識があるようです。

反対に、小学6年の長女は、読書好き。よく本や新聞を読んでいるので、自然と国語の力がついてきています。国語力は、日本語の力。母国語なので、育つ環境に左右されると感じます。娘は、普段から大人である私たち夫婦や5歳違いの兄と話すので、自然と大人びた会話に交じって難しい言葉を聞き、意味がわからないと質問する。どんどん語彙力も豊かになっていくのでしょう。

私はよく新聞の気になるニュースを子どもたちに見せ、読むように勧めています。内容は、子どもたちの気になりそうな面白いこと、身近に感じるニュースなどをチョイスして、「面白いニュースがあるよ」と伝えます。新聞を面白いものと認識し、興味がわけばしめたものですね。長男とは、彼が好きなスポーツの話題が多く、動物が好きな妹とは自然環境や生き物の話題が中心です。

娘は好きなものが多く、いろいろなことに関心を持っていて、バランスよく成長していると感じます。本人が「どうしてもやりたいこと」を見つけるまで、特に、習い事の必要性をあまり感じていません。

親として、得意なことを突き詰めて伸ばすか、さまざまな世界を体験させるか、判断は難しいところですね。けれど、子ども自身がこれという何かを見つけないうちに、いくつもの習い事を掛け持ちさせることには、少し疑問を感じています。「たくさんの経験をさせてあげたい、可能性を広げてあげたい」と思う親心は理解できますが、その思いが、子どもへの押しつけにならないようにあってほしいと思います。

私自身、小学生でピアノ、ソロバン、英語、習字、剣道といった習い事を掛け持ちしていた時期がありました。好きな習い事もあれば、あまり前向きな気持ちでなかったものも正直、ありました。

同じように、いやもっとそれ以上に、今の小学生は、たくさん習い事をしていて、忙しい毎日を送っている子がいます。時間と体力が限られている中で、塾に通って勉強もしなければならず、疲れている子もいることでしょう。

これから何をやりたいのか、どんな大人になっていくのか、未知数の小学生にとって、忙しすぎる日々は、多感な子どもの成長を時に阻害することにもなりかねません。日々の暮らしから、他人との関わりやコミュニケーションを学べます。家族との時間や読書などを通して、物事をゆっくり考えたり、会話を楽しむことはとても有意義だと思います。

子どもの習い事は、好きなことや得意なことを、ひとつか、多くても二つやっているくらいがベストだと思います。周りと同じような型にはめなくても、親の心がけ、声がけ、育て方次第で、子どもは健やかに成長し、知性も人間力も伸ばせるのではないでしょうか。

特に、塾や英会話など、教育系の習い事は、高学年になると月謝が高くなり、気がつけば家計を圧迫している状況もしばしばです。それでも、塾の場合は、子どもの成績に結びついていることなので、家計を理由にやめさせることを悩んでしまう方も多いでしょう。

「塾なし」受験のメリットは、時間とお金が節約できること。
「塾なし」受験の隠れメリットは、子どもが学ぶ力を身につけ成長すること。家族の絆が強まること。

これらが、塾なし受験の大きなポイント。現実的に家計の負担が気になる場合は、自宅学習ができる環境を整えて、通塾ではなくてもオンライン学習や通信教材を取り入れてみるといいでしょう。高校生になったあとも自宅学習は続いていくのです。

塾なし受験は「勉強習慣」という点で、通塾以上の効果が期待できる。

我が家で最後まで検討事項に上がったことは、夏期講習や冬期講習にいくかどうかでした。休暇中はまとまった時間をとることができるからです。通塾しないにせよ、受験生らしく休暇中はライバルと並んで机に向かって刺激を受けるほうがいいのでは、などと考えました。周りと違うことをしていると、時々、不安な気持ちになるものです。最後の冬期講習の申し込み期限が迫り、本人がどうしようかなと迷っていたので、担任の先生に相談もしましたが、先生の答えは、「今まで自分でできているのだから」と、どちらかというと否定的な回答でした。

すでに自宅学習のペースを確立していると、その計画を進めなければならず、逆に、塾の講習に時間を割くことが難しい状況でもありました。時間がないというよりは、やるべきこと・やりたいことが、はっきりと見えていたので、短期講習を受講すれば、恐らくペースが乱れ、自分の計画が狂ってしまうだろうと感じていたようです。最終的に、「いかないで最後まで自分でやる」と息子自身が決めました。

安くない講習代金を払い、自分の計画を乱してまで講習を受けることに価値があるか、さらに、ポッと単発で入れた短期講習がどれほど受験に役立つのか、家族で検討した結果でした。こうして、息子は夏期講習も冬期講習も、一度も受講することはありませんでした。こういった季節講習費は安いものではありませんので、経済的にはずいぶん違います。

自分たちの塾なし受験計画を信じて、最後まで戦い抜きました。

結局のところ、「自分のペースで受験勉強を進められる」ことは、効率的で最も大きな強みでした。自宅と塾の往復にかかる時間や、集団学習のペースに乱されることなく、自分に必要な勉強を自宅で勉強すれば、気分転換の時間も隙間に作れます。うまくペース配分をしながら、息子は入試日を迎えられました。

塾なし受験をやってよかったと、心から思います。

東京に住んで、もうすぐ30年になりますが、私は地方の出身で、地方出身者から見る東京(首都圏)の私立学校の状況は特別です。私たち夫婦が地方出身だったから、都会の受験競争を過度に感じ、不必要な競争をすることよりも、家族で塾なし受験を選んだのかもしれません。

もうひとつ、我が家の子どもたちによい影響与えているのが「旅」だと思います。遠くでなくても近場でも、観光地であってもそうでなくても、都会でも田舎でも、日常とは違う土地で時間を過ごす中に、たくさんの学びがあります。習い事にお金を払う以上に、時々旅を経験させること、これは本当によい教育だと感じます。

旅先は両家の実家への帰省や、その近辺になることが多いですが、例えば、受験の気分転換にと、中3の秋の3連休も、長野旅行に出かけました。息子は、受験生らしく、夜、宿では参考書を開いて勉強を始め、隙間時間に単語や漢字を覚えるなどして、旅の途中も自発的にうまく時間を使って勉強していました。

オンとオフの切り替えができるのは、仕事をしていると必要な要素でとても大切なことだと感じています。自己管理ができるのは、大人になったときの強みです。

塾代がかからないこともあり、お金を子どものためにどう使おうか、夫婦で一致したのは海外旅行でした。息子が中2の冬休み、「受験生になる前に行っておこう」と、家族でオーストラリアを旅行しました。シドニーとアデレードを起点に2週間の滞在。新型コロナウイルスの影響で海外への旅行が難しくなった今となっては、思い切って行っておいてよかったと感じています。子どもたちは初めての海外で新しい発見・体験をし、たくさんの刺激を受けました。オーストラリアでの滞在から、息子はますます英語が好きになったようです。

「旅をする」体験は、子どもの将来に必ずプラスになると思います。家族の思い出もたくさんできます。国内でも海外でも、どこでもいいです。コロナの収束後、自由に動けるようになったら、ぜひ家族旅行に行く計画を立ててほしいです。家族で旅行ができるのは、本当に限られた時期だけ。高校生になった息子はもう難しいかもしれませんが、小6の娘を連れてまた旅に出たいと思います。

コロナ禍、収入の面でもし不安があるなら、塾なし受験のメリットは大きいと思います。お金と時間が節約できて、子どもが成長もする。これなら「やらないという選択肢はないのでは？」と思います。

私たちのような考え方はメジャーではないかもしれませんが、高校入試は、実はゴールでもなんでもなく、未来への通過点にすぎません。ともすれば、周りと違う選択をする「勇気」を出してやってみるのもアリではないでしょうか。

「塾なしでも第一志望合格が目指せる」とわかっていただけたなら幸いです。あとは、どう進めていくかという「方法」を参考にしていただいて、ご家族それぞれの「塾なし受験プロジェクト」を進めていってほしいと思います。

最後に

新型コロナウイルス感染症の流行による一斉休校などがあった2020年、子どもの自殺が最多となりました。ショッキングな事実です。厚生労働省などの統計をもとにしたデータによると、自殺した小中高生は、統計のある1980年以降、最多の479人（前年比140人増）で、内訳は、小学生14人、中学生は136人、高校生は329人でした。この数字自体、大変ショックなことですが、もうひとつ、私が憂慮しているのは、その原因や動機が、前年と大きく変わらず、学業不振、進路の悩みが上位だということです。

失われた一人ひとりの尊い命には、それぞれの事情、原因、取り巻く環境があり、もちろん比べられるものではありません。ただ、子どもの自殺が増加したという事実に加え、上位にくるその原因や動機を知ると、背景には、偏差値・学歴偏重の日本の教育に一因があるのではないかと考えざるを得ません。過剰な偏差値主義、学歴・競争社会で行われる現在の教育の結果が、「幸せに生きるために学ぶ」という本来の目的から子どもたちを遠ざけてしまっているのではないでしょうか。

息子がもし第一志望校に合格できなかったとしても、彼は「塾なし受験」をやり切ったことで自立し、自考し、努力する人間に成長しました。不合格を受け入れ、別の高校に進学して、再び目標に向かって頑張っていけるだろうと、私たち夫婦は確信していました。心配や不安はありませんでした。そして、これこそが、塾なし受験の真の価値だと思うのです。

なぜなら、彼のゴールは、第一志望の高校に合格することではなく、まだそのずっと先にあるのだから。ある意味、合否（結果）は関係なかったともいえます。不合格でも、自分を責める必要など全くない。まだゴールすらしていない。ましてや、親の期待を裏切ったなんてことにもならないのです。

もちろん、第一志望校にいけることが理想かもしれませんが、他の高校でも、自分次第、努力次第の未来が待っている。私はそう伝えられるし、そのほうが悔しさをバネにもっと飛躍できるかもしれない、とさえ思っています。

親として息子と娘にはどんなかたちであれ、できれば人や社会の役に立ち、自らと周囲の大切な人を幸せにする人生を送ってほしいと思っています。家庭の教育方針はそれぞれですが、生きる力を身につけて、自分や家族、そして他人や社会を幸せにできる大人になるために、子どもたちは教育を受けるのだと思います。

子どもの力は、偏差値や受験結果だけでは測れません。塾なし受験は、「自分の頭で考え、自ら選び取って、目標に向かって努力できる子」を育て、子どもたちが幸せな人生を送れるように導いていく、ひとつの教育法なのではないでしょうか。

「塾なし受験」、今日から親子で始めてみませんか。

２０２１年12月吉日

塚松美穂

塚松美穂 つかまつ・みほ

上智大学文学部仏文学科卒業。IT・通信会社でwebデザイン、コンテンツ制作、新規事業立ち上げなどに携わる。その後結婚し、主婦を経て、webメディアや業界紙などで記事を執筆するかたわら、子どもが通う公立小・中学校でPTA副会長を務めた。高校2年生の長男、小学6年生の長女、2児の母（2021年12月現在）。現在は、学校評議員・学習支援コーディネーターとして公教育の支援も行う。長男の高校受験に、通塾費を1円もかけない「塾なし受験」によって偏差値71の超難関の都立国立高校への合格をサポート。「塾なし受験は、『自分の頭で考え、自ら選び取って、目標に向かって努力できる子』を育て、子どもたちが幸せな人生を送れるように導いていく、ひとつの教育法なのではないか」との思いから、本書を書き上げた。「塾なし受験研究所」創設。

「塾なし」高校受験のススメ

2021年12月22日 第1刷発行

著者 塚松美穂

発行者 長坂嘉昭

発行所 株式会社プレジデント社
〒102-8641 東京都千代田区平河町2-16-1
https://www.president.co.jp/
電話 編集(03)3237-3732
販売(03)3237-3731

装幀 仲光寛城（ナカミツデザイン）

編集 岡本秀一 榛村光哲

制作 関 結香

販売 桂木栄一 高橋 徹 川井田美景 森田 巌 末吉秀樹 神田泰宏 花坂 稔

印刷・製本 凸版印刷株式会社

ISBN 978-4-8334-2443-1

Printed in Japan